婆媳同盟

婆媳的美好關係，一種超越血緣的親情

沒有血脈關係的綿延，卻是兩人之間的惺惺相惜，
世間有那麼一種婆媳關係

五瓣花 著

U0068677

婆婆是媳婦永遠的宿敵？

家庭 × 愛 × 生死 × 人性

以媳婦視角細膩描繪與婆婆相處十年間的點點滴滴
特別是在婆婆癌症復發期間的相伴直至生命終點——
從心理學和日常生活細節提供培養良好婆媳關係的實用建議

目錄

謹以此書獻給我永生的婆婆，感激上蒼讓我成為她的媳婦。

推薦序 1　可以只有美好

　　自古以來婆媳關係都是一本難念的經。

　　任何關係都是對立或者統一的，但在婆媳關係上，「統一」常常被虛化，剩下的似乎只有對立。這樣一個對世俗經驗以及社會風俗還沒有過濾能力的女人，很容易就帶著固有的婆媳關係的偏見、病毒走入婚姻生活。而這正是婆媳關係在當今越走越艱難的原因之一。

　　其實婆媳關係可以是幸福婚姻的黏合劑，更是我們探索人性、了解自我的路途。

　　讀五瓣花這本記錄與婆婆相濡以沫 10 年光陰的書，就彷彿跟著兩個女人共同走過一段悲歡歲月 —— 那些與疾病對抗又不乏平凡歲月吉光片羽的時光，以及最終不得不面臨的生死別離。

　　正像作者所言：「我與婆婆便是在最後那一刻的相守中，一起走進了彼此生命的本質與核心。我們一起探尋生命的意義與源頭，讓我也更加謹慎地對待自己的生命。」

　　任何一種美好關係都值得歌頌，尤其是在婆媳關係被妖魔化的今天。這段可歌可泣的現代婆媳關係，讓我們看到：婆媳關係，可以不是問題，只有美好！

胡楊

情感作家

推薦序2 讀一本早晨般清白的書

　　認識五瓣花已有好些年。在貌似淡如水的交往中，卻總能在靈魂的翻騰處狹路相遇。彼此間，有種棋逢對手的欣喜，更有惺惺相惜的顧憐。

　　然而，有一點總讓我百思不得其解：這個有著小麥色肌膚和中午陽光般坦蕩眼神的女子，這個披著黑森林般一頭秀髮、穿著大幾號的寬鬆棉麻衣裙、戴著藏式風格首飾、似乎隨時都要奔赴遠方的女子，為何眉宇間總有隱約的哀愁縈繞，就像黑雲朵偷偷躲在了太陽的身後，一旦鑽出來，它或許便會是滂沱的雨。

　　有時，我甚至想坦率地提醒五瓣花，她並不適合現在的媒體工作。做這行需要懂得喧囂與享受喧囂。她不是。她給人一種心事重重的感覺，喜歡發呆。而且越是在熱鬧的場合，她越是愛頭一低，縮回到自己的疆土中去。這容易讓人猜想：她的疆土是個怎樣的地方，有著怎樣的人事呢？我就充滿好奇。直到讀完她長達 15 萬字的長篇散文《婆媳的美好關係》，我才徹底明白她的沉默，她的恍惚，她誰枝可棲的徘徊因何而起 —— 原來這些年來，她其實一直過著肩負兩個生命重量的日子，在為兩個人活。她的思緒忙碌在過去與現在，陰陽兩界，忘川的此岸彼岸；一個女人的前世，一個女人的今生；一些永難忘懷的情義；一些無法排遣的痛和無法消融的糾結、哀怨。她有她的幸福，但也不堪其累、其苦。她到了必須放下、釋然、寬恕的時刻了。誠如她自己所說，必須對長久以來沉浸於悲痛、不能自拔的「我」完成一次救贖。那並不意味著忘記甚至背棄過去，而是對它最好的珍藏與捍衛。就像禪意裡看一切山水往往要經歷的三境

界：從看山水是山水出發，走過小我的滿足──看出山水不再是山水，最後達到對山水的再認知、仰視、融合，看山仍是山，看水仍是水。對付痛苦同樣如此，絕不是需要單純的輪迴，而是在經歷面對、整理、承受之後，找到其反作用力。

所以，我更願意把這本書當做五瓣花在與自己的痛苦達成和解之後，準備撲向內心更大競技場所舉行的某種儀式：一個人如果能翱翔在人生的大悲之上，痛定思痛，而後從容，無疑會具備一種相當可怕的力量、智慧與韌性。接下來的人生必定能兵來將擋，水來土掩。

一直以來，我對當今許多文學作品充滿牴觸，尤其害怕閱讀所謂的散文。因為現在已到了全民皆可散文，皆可作垃圾文章的時代。散文已淪落為不少人勾搭政治、官員、商人，戲說現實與歷史的一種文體，怎麼聞也聞不到一絲文學的氣味。所以，當我拿起一些散文書籍時，便要像質疑是否是安全食品一般地打量半天，很怕一不小心讀到偽劣的東西，會像吃垃圾食品損傷身體一樣傷害到我的靈魂。

感謝花兒，她的這本書給我一種久違的感覺──讓我想起曾在希臘梅特歐拉小城黑夜裡的感動：仰望萬丈懸崖之上修道院的燈光，內心被無比聖潔的光芒照耀。是的，這本書所散發出的慈善與悲憫情懷如此精準地詮釋了文學的魅力，那便是拿出自己的靈魂去交換另一些靈魂。在文學的召喚下，靈魂們得以赤誠相待，相親相愛。

可以說，這本書最大的價值在於它充滿著誠意，這在文學被許多人當寵物來把玩，像生產假冒偽劣食品那般來生產作品的危機時代，更顯其罕見和高貴。細細讀來你會發現，這本書其實更像是作者心無旁騖地面對自己的喃喃自語。或許，它根本就是一本作者寫給自己的書。而當一個人掏

心掏肺自說自話時，恐怕已顧不上作假。如果那樣，作者付出的心靈成本將更高。這顯然不是五瓣花這般聰慧的作家會做的事。一個把寫作當成是一次生命綻放的女子，她會讓自己筆下的每個字都必須透過情感煉獄的折磨。因為只有這樣，她的文字才會變成血管裡流出的血，鹽滷水裡熬出的鹽，植物裡提取出的微量精油，帶著靈魂深處的氣息像浪花般地飛濺而出，去擊打每一個閱讀者的心扉，擊打出共同的無法辨認的疼痛來。這，一直是五瓣花的信仰。花兒好幸運，我已被她的文字擊痛。她的信仰已開花結果。

在人類的親情鏈上，婆媳關係充滿著相當複雜糾結的色彩。她們都以自己的身體，甚至整個生命作為代價去深入探索了同一個男人的身體祕密，並由此與這個男人建立了一種無比親密的關係。她們都有理由把這個男人看做自己的國土，毫不慚愧地宣稱自己擁有的主權，自己是統轄其中的女王。然而，上帝偏偏讓她們勢均力敵，不得不站在一個男人的人生兩端，扮演著彷彿是接力，彷彿是拔河，彷彿是同盟，彷彿是敵人等永遠矛盾的角色。所以，自古婆媳的爭鬥，不能怪罪於女人所謂的天性狹隘，而是上天早就安排好的自然之戰。就像虎獅與羚羊間無法坐下來討論問題，婆媳往往認定彼此天生的敵對性與不可調和性。只是世道有時讓婆婆是虎獅，媳婦為羚羊；有時則相反。那麼，婆媳有無可能衝破自然法則的桎梏，透過溝通，成為另一種親密的關係呢？這的確是個很大的人性課題。所以，本書所講述的不僅僅是婆媳相處那麼點表皮的東西，而更多的是在探索人性中的善之光如何讓人達到崇高的境界，呈現出了令人稱奇的美好關係及狀態。尤其是它涉及這麼個現實：在面臨死亡這個人類很難從容面對的絕壁時，我們有能力的人如何去對那些失去能力者實施臨終的關懷、幫助？因為這不僅展現人生死的尊嚴，也展現了人類作為集體在與不可逆

轉的自然打交道時所擁有的力量和姿態。這樣的展現，對目前愈來愈顯現出老齡化嚴重的社會更有其重要性。可以說愈來愈被老年氣息包圍的社會有時會變得相當脆弱與惶恐，那是因為我們害怕老無所依。我們需要知道關懷力量的所在，並由此懂得珍惜過去留給我們的「孝傳統」。只有這樣，我們才會永遠強大、豐沛與年輕，記得住流淚的感覺，對一切生命都能笑臉相迎，施以援手。

　　或許，這便是該書所具有的核心價值。它是那麼沉甸甸的。會隨時像蝴蝶鼓動翅膀時所引發的效應一樣，去攪動許多人的內心。

　　另一方面，我更願意把這本書看成是為小人物立傳的吟唱，真正成為一個女人的史詩。書中的婆婆是會讓每個讀者動容的人物。無疑，她是滴水般的女人，在熙熙攘攘的大街、菜市場，我們隨時都與這樣的女人擦肩而過。有時候，我們會覺得這樣的女人多一個少一個對於大街與菜市場，對於海洋般的人群似乎沒什麼影響。卻並不真正懂得對於用一扇扇門窗代言的家庭而言，她們意味著什麼？作者的婆婆是怎樣的一個女人呢？她從20幾歲起便身患癌症，一生受盡病痛折磨，經歷了大大小小無數次的手術、化療，竟然能把生命捍衛至59歲。年輕的她是獨自留守的軍眷，承受著孤獨、艱辛生活的重壓，甚至生育時都是自己為自己接生；年老的她，拖著病體，仍繼續擔當呵護親人的重任，盡心照顧病弱的孫子和車禍後的兒子。她的生命能量堪比春蠶，看上去那麼微小，卻能從中抽出無盡的絲去為衣為被，溫暖別人；她還是個智慧女人，懂得接納與包容自己搖搖欲墜的身體以及不完美的人生。正因為她內心海洋般寬廣無垠，才可能在成為好妻子、好母親、好祖母之外，還能成為難度係數如此高的好婆婆。

　　也許會有人問，這種似乎有些過時的典型的春蠶女人是否值得文學一

再去表現，尤其是在個人主義大旗被眾生揮舞的 21 世紀當下？這個人物的審美價值何在？對此，作者在書中給出了自己的答案：「在我看到的婆婆的一生裡，的確是將人生的熱鬧、歡欣、虛無、頹敗悉數一飲而盡，然後津津有味地品嘗，知道自己的一生就是獨一無二，也是好的。」這就是作者提供的人物審美價值 —— 她承受苦難的悲壯，她細水長流經營生活的精緻，她愛著每個人的能量，她永遠的無怨無悔，都讓她成為作者筆下永遠的獨一無二。從某種意義上講，無論命運如何捉弄，這個女人其實擔任著自己生命的主人 —— 她選擇了自己的活法，哪怕是承受和奉獻，那個姿勢也從不卑微，反而有凜然的高貴。高貴者是幸福者，缺乏慷慨之氣的人無緣觸及這樣的幸福。可以說作者寫婆婆時也帶了一股神聖的凜然之氣。

首先，她不以自己「六年級生」銳利的鋒芒去對「三年級生」婆婆的生活態度及方式說三道四；再者，沒像華人作家慣有的思維那樣把婆婆往偉大的母愛、奉獻的母親方向拔得無限高；更重要的是，沒採取文人喜歡採取的居高臨下憐憫之態去把婆婆寫成淒苦女人，以獲取讀者眼淚。作者筆下流淌的只是女人之間該有的將心比心，親人之間的血濃於水，知己之間的惺惺相惜。它讓人想到張愛玲的那句話：因為懂得，所以慈悲。

如我前面所說，這本書是作者寫給自己的心靈之書，所以有一股如江河般一瀉千里的澎湃情感貫穿始終，讓每一個捧起它的人都能隨著其情感起伏，激盪出自己內心最真實的東西。也正因為是寫給自己的，它決絕地摒棄了那些虛張聲勢、所謂博眼球的觀點和亂七八糟的賣相，只保持了自己清白的態度。作者始終堅守著作品的文學品質，無論是把看似平淡庸常的生活小事敘述成波譎雲詭的精彩片段，還是把深刻的哲理性議論表達得感性、平易，作者都從容地駕馭著文字之車，使之奔向文學的含金地。讀

著書中許多的段落，你差不多能窺見作者在小小書房裡寫下它們時的心境──房間裡黃金葛站立，白梔子花暗香浮動，茶杯上升騰起淡淡的熱氣，作者似乎又在發呆了，因為思念。她說：「我站在溫暖的酥油燈房，凝視著我點上的那盞酥油燈，我與她，透過這火光開始對話，我只希望去世四年之後的婆婆，可以一路順利，憑此光芒，找到她來世的出口。」

　　作者的思念像月光一般照耀著她的文字，只寫給那些關心靈魂，關心親情，關心愛，關心馬匹與糧食的人們看。我很慶幸自己是作者選中的那類人。更慶幸自己還能夠在時光飛馳中，去靜心讀這麼一本像早晨般清白的書，然後陷入一種幸福而奢侈的沉思。

吳景婭

自序

　　在網路上找了這本書來看，裡面講的婆媳關係，甚至婆媳關係，真是一觸即發，劍拔弩張，彼此的關係恍如一支在弦的箭，隨時待命般等待一聲號令便可噴發而出。一旦這支箭射出，可能就是一齣熱鬧非凡的鬧劇，婆說婆有理，媳說媳有理，讓老公在中間做著夾心餅乾，左右為難。也許那是小說，源自生活，卻有著高於生活的戲劇性，可是在我們周圍確實也有那麼些婆媳，她們之間的關係，即使不能用劍拔弩張來形容，可也是隔著厚厚的衣服，打著肚皮官司，媳婦在老公耳邊念叨幾句：你媽怎麼怎麼的了。婆婆在兒子跟前嘮叨幾句：你老婆如何如何懶惰了。

　　不知那些未婚女性看了此類將婆媳關係描寫得如此緊張的書籍，再加上道聽塗說，聽些已婚婦女在辦公室裡大談身邊的婆媳經，是否還有勇氣跨進婚姻的殿堂？

　　所謂的婆媳之戰，更像是一場拔河比賽。繩索的兩頭，精神抖擻地站著婆婆和媳婦，哨聲一響，兩人同時發力，身邊的那個男人就像是拔河繩中間的那紅色中點，地上劃著明顯的河界，非此即彼，只有此岸和彼岸，沒有中間地帶。

　　雄赳赳地站在拔河繩兩端的兩個女人，都想施盡一切辦法將站在中間的那個木訥的、不知所措的男人拉到自己這邊來，然後看著對方垂頭喪氣的樣子，不禁得意地笑。

　　誰勝誰負，於那個拔河繩中間的男人來說，都很為難，有種裡外不是

人的尷尬。而繩索兩邊的女人，殊不知以此為樂，鬥智鬥勇，帶著一生可以與之大戰三百六十回合的勇氣，據理力爭，贏的一方可以驕傲地仰頭，輸的只能灰溜溜地等待時機改日再戰。

連三毛也曾說：「婆婆大人真是一個了不起的人物，她不必出現，只要碰到她的邊緣，夫妻之間自然南北對峙，局勢分明了。」

各家電視臺播放的和婆媳關係有關的電視劇似乎都頗為熱門，婆婆的頑固、媳婦的刁蠻、婆婆的小算盤、媳婦的小心眼，都活靈活現地展現在眼前。許多人都喜歡看這類電視劇，還有很多未結婚的女子，也在心頭早已樹立起唯婆婆難伺候的牢固觀念。

而其實還有一種婆媳關係，很少有人展現。一種全然的，帶著母愛，視為己出的，相敬如賓的婆媳，幾乎很少在書籍裡或電視上看到。難道這世間真的不存在這樣一種婆媳關係？

在冥冥中，有那麼兩個人，就像那種有眼緣的人，見第一面，就覺得這正是和你投緣的那個人。

我相信在婆媳關係中，也有那樣一種關係，她們心心相印，她們相互體諒，她們愛著同一個男人，用兩種不同的方式 —— 母愛與情愛，去愛著這個男人，而彼此之間，因為這個男人成為紐帶。這個男人是幸福的，這樣生活在一起的兩個女人也是幸福的。她們一起在廚房裡一邊談家事，一邊切菜煮飯；她們坐在沙發上小聲地說著悄悄話，等著那個貪睡的男人起床。

我承認，這世間的確存在這樣的兩個人，存在這樣和睦的婆媳關係。而我也相信，這世間並非只有這兩個人享受過如此融洽的婆媳關係。

我想寫這本書，我想寫我的婆婆，是因為我想告訴世人，這世間的確有那麼一種婆媳關係存在，它溫暖、持久，沒有血脈關係的綿延，卻是兩

個人之間的另一種惺惺相惜，一種不膩的母愛，將婆媳關係梳理得順當、和諧、寧靜而悠遠。

想寫下這些最真實的文字，告訴這世間的女子，我曾親歷過這樣的相互尊重、相互憐愛的美好的婆媳關係。在這世上也真有過這樣的我，有過這樣好的婆婆，我們相親相愛，直至她生命的最後。

在回憶中，我和婆婆之間沒有發生過波瀾壯闊的大生活，我們之間的故事都是小橋流水般的靜水生活，看似完全不值一提，可是在一字一句的書寫之中，我卻再次發現我有一位多麼好的婆婆，我和婆婆的關係多麼微妙，甚至親密得超越了與自己媽媽的關係。也許這樣說，會令我自己的媽媽難過，可是沒有辦法，事實也許就是如此。

因為我遇見了一位世上最好的婆婆。

對於我來說，寫這本書太難了。那是因為，我所寫的每一個字，都與婆婆有關，雖然婆婆離開我已經五年了，但我對婆婆的那種哀思，一直讓我無可救藥地沉浸。而且我所經歷的情緒的起伏，還得背著我的家人，不讓他們為我擔心。我在另一間屋子裡寫作，我得背著東哭泣；當孩子回來時，我也不能紅著眼，可是我決定將這樣的文字進行到底。我要將最純粹的情緒放在裡面，我不想運用更多的文學技巧，我就想原汁原味地呈現。雖然在文章裡為了區別自己的媽媽，我寫的稱呼是婆婆，可是在生活裡，我從來都叫她「媽媽」，一定是疊音的「媽媽」二字，和自家媽媽沒有區別的稱呼。

寫這些字時，我一直緊鎖著眉頭。我將我的網路暱稱改為了「深深沉浸」。可是我想這些文字，會成為我對婆婆去世五年之後的一個交代。

第一次希望用書的方式，將有關她的文字集結出來，也許我們婆媳平凡的故事，無法挑起更多人喜歡熱鬧的神經，可是我相信，那些能讀懂我

文字的人，會在我的每一個字裡看到一份深情，看到一種婆媳之間融洽相處的藝術。

我就是想向世人宣告，世界上真的有那麼一種情，它介乎母女之間，也許比母女略略疏遠，有著適當的距離，有著適當的禮貌，也保留著讓彼此舒適的空間。它不似母女關係那樣親密無間，它看似沒有母女關係那樣隨意任性，更不能無理取鬧，可是這樣的情分，會讓這樣的兩個女人更像朋友，以禮相待，惺惺相惜。

我慶幸，我曾親歷其中，與另一個女人一起感受過這種情分，我們兩人一起經歷，一起證明，的確有這樣一種關係存在：兩個心生柔軟的人，懂得女人何苦為難女人的道理，她們有忘年交的感情，卻並不似金蘭義氣，她們持著「萬物生」的相知之道，來相伴相攜，直至生命的最終。

我與婆婆便是在最後那一刻的相守中，一起走進了彼此生命的本質與核心。我們在一起探尋生命的意義與源頭，讓我也更加謹慎地對待自己的生命。

有很多人說我遇到了一個好婆婆，我是幸運的。的確，我跟周圍的人說起我與婆婆之間的事情，沒有幾個女人不羨慕。以至在婆婆離世之後，最不能走出她去世陰影的反而是我這個媳婦。

到我提筆時，婆婆已去世三年了。這些文字讓我全然地傾訴，只有文字，讓我從悲傷的情緒中釋放出來，慢慢整理，如剝筍一樣，層層剝落，但見真心。也許對於我來說，只有寫完這本書，我心中的一些不釋才能得以放下。

我想用我最樸素的文字，來祭奠她身在天堂自由的靈魂。

五瓣花

第一章
醫院時光，最後的守候

彌留之際

「我這是在哪裡？」

「妳在醫院啊，媽媽。」

她閉上眼，休息片刻，又拚命地眨著眼睛，再一次將眼睛睜得大大的。

「我這是在哪裡？」

「妳在醫院啊，媽媽。這裡有醫生。」

「我怎麼什麼都看不見，快去叫醫生。」

醫生來了，看了她的瞳孔，瞳孔有些微放大，可是醫生沒有告訴家人，這是病人要去另一個世界的前兆。

醫生來了又走。她依然執著地問：

「我這是在哪裡呀？」

「妳在醫院啊，媽媽。」

「我怎麼什麼都看不見。」

「妳閉上眼休息一下吧，也許是妳太累了。」我一遍遍地答。

我靜靜地看著她的臉，醫院日光燈管發出的慘白光芒，陰森地擲於她瘦削的臉上，她睡在有著鐵質欄杆的病床上，冰冷的鐵欄杆彰顯出它毫無溫度的生硬與冷酷的本色。牆角有一隻瘦小的蜘蛛在並不雪白的牆上爬行，竟然聽得見牠八爪落地的聲音，牠不停地往高處爬，越往高處，牠爬行的速度越慢，稍作停留，牠沒有繼續往上，藏在了日光燈管的背後，不見蹤影。

死寂的病房，垂危的病人，寒冷的冬夜，自己彷彿被置身在一個骯髒、零落、頹敗、寂寞、如洞窟一樣見不到光亮的異度空間，而眼前只有她微微「臘黃」的臉，以及垂危的生命。我生出一種不祥的預兆。

生命第一次如此直白地展示它束手就擒的姿態。

死亡也是有顏色的。初次遭遇，便是從婆婆臉上看到「臘黃」。我之所以用這個「臘」，是因為婆婆病重的時候，其實外面已有鋪天蓋地的臘梅香。

每當我穿過大街小巷，經歷了一天的繁忙與煩瑣地和人打交道的口舌，又回到婆婆那寂靜、毫無生氣可言的病房，這種由鬧至靜的轉換，竟然讓我產生了一種非常奇妙的感覺。外面的世界如此喧鬧，我們的業務開展，與各單位的討價還價，進貨送貨，賺取微薄利潤以求養家。心思單純的人，在這個需要打拚的世界裡，都變得浮華而帶有浮世氣息。唯有回到醫院的病房，看到那些心無旁騖，一心對抗病魔的病人，才突然發現世界原來可以如此簡單，只是人未行到那一步，要想無欲無求，終是困難。

可是，不管在外經歷了多少不順或不愉快，每天下班後去醫院照顧婆婆，成了我們夫妻在那個冬天必須做的一件事。外面的風霜早已擋在了醫院的門外，去看婆婆，一定要面帶笑容。

而那個冬天婆婆臉上突現的那種「臘黃」的光色，竟然讓我覺得是如此美幻：婆婆的臉上呈現出一種花開滿園時，鋪滿臘梅花影的盛大表情，老年的斑紋穿行其間，像梅花黑色的芯蕊，這個時候，才明白，臘梅不僅迎冬而開，也在預示著春之不遠。

只不過屬於婆婆的春天，在遙遠的異鄉，我們暫時還不能與她團聚。

婆婆因癌症復發，躺在醫院的病床上，屬於她的時間越來越少，我們

和她相處的分分秒秒，更顯得彌足珍貴。所以守護她的我，即使在她的臉上看到了臘梅的影子，也從不懼怕。

能夠相守本身就是一種幸福，哪怕這種幸福將終結於死亡。

現在的孩子，多半在成年以後離家，各自奔忙著自己的事業。那個原生的家庭，那個整日等著孩子回家的父母，只能望眼欲穿，將與孩子們的相聚看成是奢侈的願望。而當父母生病時，膝下只有一子或一女的家庭，便需要孩子們整日奔波在公司和醫院之間，承擔前所未有的雙重壓力。

年輕人的工作自然不能因為家裡有了病人而輕易辭去；像我們那時雖是自由職業者，看似時間安排自由，可是客戶的電話就是上帝的命令，如果想有後續的合作，人家是不會聽你的解釋，不會因為家裡母親生病，就善解人意地無限期等你。

這也是目前眾多的獨生子女將要面對父母老去患病時的壓力。兩個年輕人，要承擔起雙方父母生病時照顧老人的責任，如果再加上孩子有個什麼頭痛腦熱的，上有老下有小的那種擠壓似的壓力，真的可以讓你在想哭的時候，都找不到哭的時間。

那天，我和東下班後依然像往常一樣去守著她，分分秒秒都不眨眼地盯著她的脖子，看她那插著氧氣開著口子的喉嚨是否仍在呼哧呼哧地出氣，我很怕看到她那突然呼吸困難，痛苦萬狀的樣子。

不過那一夜，她顯得很奇怪，平日裡一直緊閉雙眼的她，突然把眼睛睜得大大的，直直地盯著日光燈看一會兒，又迅速地閉上眼，然後努力地眨著眼睛，拚命地想看清什麼東西似的。

她將眼睛睜睜閉閉幾個回合之後，突然向我大聲叫嚷起來：「叫醫生來，我看不見了。」然後眼睛一直使勁地眨，彷彿多眨幾次，把眼睛裡的

灰塵眨掉，就會毫無障礙地、清晰地看清眼前的一切，也可以看到我們。那一刻，我想她是有意識的，是感到恐懼的。冥冥之中，她其實知道自己將迎接什麼，而我們不知道。

我慌忙地去找醫生。醫生來了，問什麼時候看不見的，我說下午都還看得見，現在突然就看不見了。

醫生伸出一個指頭，問：

「這是幾。」

「看不見。」

「這是什麼？」

「看得見。」

「這是什麼？」

「看不見。我知道。」她竟然睜大眼睛，咧著嘴笑了。她已經很久都沒笑過了。

答非所問。

我知道，她出現幻覺了。

醫生也沒說出個原由來，急匆匆地又走了。之後，我發現婆婆的尿液非常渾濁，裡面有很多沉澱物，我又把醫生叫來問這是為什麼。醫生只是含糊地說，也許是尿管有些髒了，又叫護士來將尿管換了，並進行了沖洗。我有些不好的預感。

那天，她身上發出來的腐臭味漸漸地弱了，就是關著門窗也幾乎聞不到任何異味了，我想一定是那脖子上的傷口，正在悄悄地癒合，只是這種癒合不是真正地好起來，而是一種生命的緊閉。那些癌症病毒在極速瘋狂

地施虐，迅猛侵蝕了軀體的各路器官，將身體吸吮得千瘡百孔之後，無處可去，除了撤離已無計可施，可是這也意味著消失的除了病痛，還有生命。

我一直守著婆婆，沒有流淚。我就一直看著她的臉，我不知道，此時緊閉雙眼的她，已走到哪裡？

只是從她一遍遍問我自己在哪裡的話語裡，我察覺到婆婆此時心裡是恐懼的，而我耐心地一遍遍告訴她，您在醫院，這裡有醫生，非常安全。儘管她也許已聽不到我的回答，可是我知道她正在竭盡可能地明白自己身處何處。這是婆婆一直以來為人的勇氣。

在問過十二遍之後，她臉上失去了所有的表情，安靜地閉上眼休息了。只有那呼哧呼哧的呼吸器，還證明她一息尚存，依然有生命殘留在她體內。她已放棄了所有的抵抗，已放棄了一切的思考。安詳成為她所有的等待，我終於知道什麼叫彌留之際。

我與東默默地看著她的臉，我們一人拉著她的一隻手，讓她感受到兒女手中的溫度，讓我們的溫度多傳遞給她一些，讓她能安靜地感覺到我們一直在她身旁。她漸漸地安靜了，又安靜得有些過分了，我們怕她睡過去，又與她說話，問：「媽媽，要不要吃點東西？」她點點頭。再問她是不是要吃點米湯時，她又搖搖頭。就這樣，時而搖頭，時而點頭，讓我們也不知所措。我們還是將米湯沖好，往她的胃裡，注射湯汁。

十六年來，她一直靠直接注射進胃裡的流汁，維持著自己的生命。幾乎沒有人能相信，這個癌症病人僅靠一管湯汁支撐她的整個人生。

她沒有多少意識地任由我們翻動，撩起她的衣服，將套在鼻胃管上的橡皮筋打開，在她的肚子上墊上毛巾，然後，我用手扶著鼻胃管上的橡皮

管，東將米湯注射進胃裡，有時打得太快，鼻胃管會冒出些泡沫來，或者一些米湯倒灌出來流到墊在肚皮上的毛巾裡。可是，她都沒有多少反應地任我們在那裡忙來忙去，也不會像平時那樣告訴我們：「夠了，我飽了，不想再吃了。」想著她也許沒有意識了，我掉下了眼淚。我知道她已時日不多。

後來我從《西藏生死書》中看到，人在離開這個世界之前，會有短暫的失明。而失明則是一種生命結束的預告，而我們不知道。那晚我們沒有整晚留在婆婆身邊，甚至第二天，我們都沒能最後送她一程。在她將去另一個世界的時候，我深深地遺憾，我和東沒能在最後一刻緊緊地拉住婆婆的手。

沒有那麼多來得及

生活給了我們重重的一擊，不但是因為婆婆的去世，還因為我們得到了足夠的教訓，它告訴我們沒有那麼多來得及的等待。

因為農曆新年剛剛過完，很多公司開始恢復正常的工作，我和東開的辦公用品店很忙，不斷有人打電話來催貨。年輕的我們，並未經歷過真正的死亡，也並未真正為哪位老人送過終，也許我們只是敏感地聞到了死亡的氣息，可是不知道上帝可以如此迅速地把一個人從你身邊帶走，而這個人還是你的至愛親人，是那個在世上被稱之為擁有她，自己就像個寶一樣幸福的人。

於是，在婆婆昏迷的時候，我們還是選擇了下午去將較急的貨送了，再送紙樣給一個公司，最後再回來守著婆婆，一刻不離。下午一點左右，我們和大姑急急忙忙交代兩句，便匆匆地去送貨了。我們急著把手上的事

情處理完之後，可以回來陪著婆婆，陪著她走完最後一程。

可是，可是，沒有那麼多的事如我們所料，沒有那麼多來得及可以讓我們等待，婆婆的氣息等不及我們把所有的事情都處理完，再來與她相守，老天懲罰我們，不是一切都可以按計畫行事，生命的無常原本就不受任何安排。

那一天下午，我們都做了些什麼呢？我們離開時，一點半。

出了醫院，我們先去拿紙樣。車上的廣播裡，收音機裡的主持人，放著奇怪的音樂，說著一些奇怪的話，說什麼這首歌只有人在睡著的時候，靈魂才可以聽得懂。聽著這些莫名其妙的話，我心裡隱隱有些不好的預感。可是，我沒有跟東說，想著也許只是應了現在的心境吧，這些歌本身並沒有什麼特別之處，他心裡肯定十分著急的，我不想再因為我善感的一句話，讓他更加焦慮和擔心。

結果開車至圓環時，因為公路改道，我們不熟悉路況，被員警抓住開了罰單，罰款 6,000 元。

又不知為什麼，我突然和東在車上爭執了起來，東將我放在去拿紙樣的公司門口，氣呼呼地自己開車走了。我沒有怪他，我也為我今天莫名的脾氣而奇怪，只想著家裡那麼多事，我得趕緊回到醫院去。

拿了紙樣，我匆匆地坐著公車回到店裡。可是，回到店裡竟然沒有看見東開車回來，他說過他回來就直接去送貨的，我開始擔心起來。一邊準備貨物給客戶，一邊等著東回來。這時候東打電話來了，說：「我在修車廠，剛才和另一輛車發生了擦撞，後照鏡刮壞了，正在弄。我馬上來接你，大姑剛打電話來說，媽媽走了。」

我的心沉了下去。婆婆走了。終是無可挽留，她帶著滿身的痛苦走

了，連最後的守候也沒留給我們。

我們這一下午都在忙些什麼呢？

生活給了我們重重的一擊，不但是因為婆婆的去世，還因為我們得到了足夠的教訓，它告訴我們沒有那麼多來得及的等待。

不是所有的事都可以按部就班，按你的計畫一步步地來。人的生死不是能夠設計的，而作為兒女在人之將死時，是否該放下一切事情來守候？讓老人不孤獨地離開。我後悔極了，更知道東此時的心裡有多難過，有種不能原諒自己的痛從心底爬上來，但沒有淚，自責代替了焦慮與擔心，我們早已知道了這樣的結局，這樣沒有懸念的結局。

而在她真的要離開這個世界的那一刻，只有大姑在送她。她是否一直等待著讓她放心不下的兒子，是否還想看看她最愛的孫子？

而走的那一刻，大姑說，媽媽是安靜的，沒有痛苦的。這句話，讓我們稍微安心一點。

婆婆走了，我沉浸在所有的回憶裡。

在病中，我們互為父母子女

1. 第一次觸碰她的身體

「媽媽，小舅舅的名字好難聽喲，叫大繩，是誰取的呀？」

「是我取的。」

無語，病房裡傳出笑聲。

是的，那是我與婆婆最後的守候。

我與她婆媳十年，她仁慈地沒有突然去世，而是給了我們做子女的四個月的時間，讓我們能像小時候她對待兒女一樣，徹夜守著她，替她梳頭，為她刷牙，餵她吃飯，為她換衣，幫她換上紙尿褲。

我們互為父母子女，這是做兒女的幸事，即便是如此累的陪伴。父母老了，就變成了孩子。如三毛所說，需要「反哺父母」。

與父母的關係開始顛倒，要懂得有耐心，像他們當初對待你一樣；要騰出你的時間，像當初他們為你放棄所有一樣；要學會陪伴，就像當初你需要他們一樣；要懂得善誘，就像當初他們對懵懂的你一樣。

牽父母的手，重回童年，看過往的影子，真覺得有一種神奇的力量穿梭在時光之中。

父母老了，更加需要我們。不是所有的父母都能做到獨立自主、心思寬廣、思維進步。生於民國三四十年代的他們，孩子的世界就是他們的世界。儘管這樣，他們的期望大多時候會落空，可是我們盡量的陪伴，會讓他們覺得有所依偎。

有時父母說自己不舒服，只是為了向我們撒嬌，而你得重視他們的「病情」。

而父母更老時，你需要為他擦口水，為他換衣服，餵飯給他吃，幫他洗澡，牽他散步，而我們做的一切，正是與曾經年輕的父母作了置換。父母與子女不需要等到下一世的輪迴，交換關係，以求報答。這一世，我們便互為父母子女，有誰想過，真是如此。

最後的時刻，我們與公公、大姑一起輪換著看護婆婆。到我們值夜班的晚上，我便與東輪流睡在另一張病床上，和衣而眠。東總是照顧我，讓

我從 10 點守到 1 點左右，便讓我去休息，而他則會從凌晨 1 點開始守著婆婆不眠不休一個晚上。

我們之所以要一直盯著婆婆守護她，是因為婆婆曾經做過氣管切開手術，更不幸的是，她曾經在放療時燒傷了聲帶，讓她幾乎不能發聲說話，病中的她比別的病人更需要精心的照顧，看她的嘴形，聽她的需求，都需要一個清醒的人一刻不離地看著她。她這樣的病人，看護也不願意照顧，因為對於他們來說賺那點錢太辛苦，還有許多病情輕鬆的病人等著他們去看護。但做兒女的，責無旁貸，我們沒有在這最後的時刻請看護幫忙，當時看似很累，可是這些病床前流淌的似水時光，在今天看來，卻是如此珍貴。

在病床前，我總是在婆婆精神好時與她聊天，對她的弟弟妹妹的事情頗感興趣地提問。

那天，我問：「媽媽，小舅舅的名字好難聽喲，叫大繩，是誰取的呀？」沒想到，婆婆說：「那是我取的。」我一愣，然後噗哧笑出聲來。婆婆的臉上也慢慢地展開了笑容。

日光燈已經關閉，房間裡不再有安定器發出滋滋的刺耳聲響，東在另一張床上靜靜地睡著，牆壁上一盞昏暗的睡眠燈，此時發出小橘燈一樣的光芒。屋裡有我們兩個女人小聲閒話家常的聲音，也有另一種安定的氣息在空氣裡流淌，我幾乎夢幻地覺得這也是最好的時光。這樣的時光裡，有我需要的靜，以及與親人最親密的接觸與安慰。雖然婆婆躺在病床上，雖然我們不知道，她何時能夠起身回到我們自己的家。

婆婆因為甲狀腺癌復發，脖子上一直腫大著的癌症腫塊，讓她不能側身，我將手伸進被窩裡幫她按摩睡痛了的腰身。

這是我第一次如此近地觸及她的身體，雖然我們婆媳關係一直很好。可是沒有好到我可以在她身體健康的時候為她洗一次臉，洗一次澡，換一次衣。就是自己的母親，我們都不能做到，親手去撫摸一下那些肌膚的皺褶，親手為母親按摩褪去衣衫的瘦骨，親手為母親搓背洗澡，更何況婆婆，在很多人眼中，也許她始終是別人的母親。我們與她們之間，不曾有血緣，不曾有養育之恩，肌膚的親密接觸，要多親近，才可以做到。

　　而在婆婆生病的時候，似乎我沒有猶豫的時間，她如此虛弱地成了需要我照顧的孩子，她就那麼慘澹地呻吟一聲，我似乎都能感受到她每一寸肌膚的疼痛，我有什麼理由，不去減輕她的痛苦。

　　於是，我將手伸進她最柔軟的內衣裡面，當我的手觸及她的身子，那一根根突兀的骨頭好像釘在我的手裡一樣，顯得堅挺而冰涼，就是用「瘦骨嶙峋」這樣的詞語來形容，都實在不足以說明我在剛接觸她身體那一刻的震驚。病魔早將她的肉身幻化成一片片輕軟的羽毛，僅剩下一層皮包裹著的堅硬骨頭，那些骨頭就那麼硬生生地在我柔軟的手指間來回地滑動。那些羽毛般輕軟的肌肉，在手裡輕飄飄地找不到來處和去處般無根而生。

　　我輕輕地用手指在她身上一寸寸地移動，她時而發出一兩聲呻吟。想必某些地方觸碰起來十分疼痛，我開始顫顫巍巍地撫摸，用最軟的指腹，去輕輕接觸她的雙肩、她的手臂、她的腰、她的大腿，她那因寒冬龜裂的腳，甚至整個身體無處不在的經絡，我都悉數撫摸。開始的撫摸，立於指尖的那些突兀的骨頭，讓我感覺害怕，轉而我被那些堅硬的骨頭刺痛，再然後，我一邊按摩一邊落淚。

　　這個女人，為這副身體受了一輩子的罪啊。為了堅守這副骨架，她用怎樣堅強的毅力在支撐著啊！那年的春節，我們都留在了醫院。臘月

二十八，我在醫院寫下這樣的字：

年末。醫院。守候著垂危的她。

身患癌症，瀕臨死亡，焦躁、傷痛、悲哀、虛弱，甚至身體漸漸散發出腐朽的味道。愈來愈烈，是否是那個世界的味道？

她睡著，依然是皺眉、痛苦的樣子。想必睡著也不舒服。

睡得不安穩，一會覺得胸悶，一會需要接痰，一會發燒要揭一床被子，一會背痛讓我替她按摩，我低聲細語地應著。因為她是病人，因為是最後守候的時光。

夜深，醫院裡死一樣的沉寂，因為過年，好多病情不重的病人都回家過年了，我們在留守。醫院裡很安靜，時而有一兩發煙火爆出巨大的聲響，劃破靜空，因為突兀而更顯寂寞。

一直在問自己這樣的問題，當生命遭遇這樣的不可挽回，遭遇這樣的沉重時，我會選擇生嗎？答案是不會。

而她這樣堅韌地活著，在身患癌症三十幾年，生了一對兒女，扶養兒女成人，看到她們結婚生子，她仍堅強而倔強地生活著，哪怕是近十六年都只用一管流汁維持生命。而這次病魔的再次侵入，讓她最終走到生命的邊緣。發青的手腳腫脹著，不肯進食的胃，每日必須注射嗎啡排解疼痛，渾濁的雙眼總是緊閉，點滴從早輸到晚延長生命的期限，越來越聽不清的少量話語，以及焦躁的脾氣。看過她的人都說可憐。而她仍然堅持著。

生命遭遇死亡。當岌岌可危的呼吸，讓她大口喘氣，全身的疼痛讓她的大腿彎曲之後甚至不可以伸直。面對這樣直截了當的疼痛，面對這樣沉重的呼吸，她仍然選擇像現在這樣生。

我無怨地守護著她殘存的生命，雖然很有些辛苦，可是如此的守候又

能多久？也許是最後的守候，是幸！如果去了，她就沒有痛苦，沒有知覺了，而兒女們也只能對著冰冷的石碑說話了，沒有回應，更不會有母親溫暖的笑顏了。到那時，你就沒有侍候她的福分了。我們也有老的一天，我們也有此一天。孝敬從心。

前晚看于丹的《論語》心得，她講了一棵大樹與孩子的故事。孩子年少時與大樹玩，長成人時孩子用大樹的枝幹搭房子成家，人到中年時，用樹幹做成船游向遠方成就事業，而那棵曾經粗壯的大樹只剩下埋在土裡的根了。大樹與孩子就像父母與我們，傾盡所有愛護支持我們，而他們老得只剩下根時最需要我們的陪伴。難道此時我們還要吝嗇這最後的守候嗎？

今天是臘月二十八，裹著厚厚的羽絨衣，素顏守護著老公的母親。整夜。我相信她看到了我的孝敬，心明則矣。相守是一種幸福！因為相守也是有限的。

就是懷著這樣的心情，我願意去守護她。我時常看著她那飽受痛苦的臉，雙眼緊閉，嘴唇微張，眉毛緊皺在一起，臉被扭曲成難看的模樣，此時的她就像是在進行一種垂死的掙扎。是的，我看到了那樣的掙扎。

那樣的掙扎，沒有伴著流淚的無助。當一個人的生命接近尾聲時，不再有期盼，不再有希冀，只是靜靜地等待著那一天的來臨，只是等待著命運最後吹響謝幕的號角。也許當婆婆坦然接受了這個結局之後，她選擇了平靜。她選擇了一味地承受，甚至不再叫喚，不再不安，不再懼怕。她一向是個堅強的女人，而在彌留之際，這個女人身上散發出來的堅毅，讓我一生都難以忘記。她早已不再是那個於我可有可無的人，她就是我的至愛親人 —— 我的媽媽。

晚上一個人守護的時候會很忙。她總是睡不安穩，需要吸痰時，我將

床頭的吸痰器膠管伸進她喉嚨的金屬管裡，另一頭接著一根膠管，用一個鐵盒子接著，然後開動吸痰器，有時能吸出些痰來，有時只是吸出些血絲來。也許並沒有什麼痰，而是因為癌症腫塊一天天長大，總讓她覺得有東西堵在喉嚨，時不時地就需要清理一下。不管怎樣，我也總是順著她的意思做，替她吸完痰後，再在她的金屬管周圍沾些醫用藥水保持溼潤，以防腫塊流出的膿血將金屬管洞口堵住。

因為喉嚨不能吞咽，婆婆吐痰也很不方便，想吐痰時，需要有人幫她接住，又因為腫塊在喉嚨處，婆婆的身體也不能側立，這樣接痰，成為每天都要做很多次的一件事。她吐痰時，只能微微側下身，我就用三張紙巾去為她接痰，有時痰液的泡沫太多，那些黏液會沾到我的手上，我也並不覺得難受和厭惡，仍然會在她用微弱的聲音叫我去替她接痰時，去幫助她。想著這個女人正在受著常人難以忍受的痛苦，為她接一下痰又算什麼呢？

2. 維持生命的尊嚴

「媽媽，起來梳頭了。」

「好。」

「媽媽，妳梳了頭，洗了臉，精神好。」

「嗯。」

「媽媽，來，我幫妳按摩。」

「嗯。」

當我第一次陪著一個人的生命慢慢走向消亡時，我甚至自私地想，其實對於兒女來說這是幸福的。雖然老天讓婆婆受盡了折磨，可是對於我們

做子女的來說，有這樣的守候和照顧，會成為我們與母親之間最親密的記憶。這最後的時間，也會成為過一秒便少一秒的難得記憶，那麼清晰地提醒我們要珍惜眼前的時光。

寫這一章時，那些難過的經歷如電影般再在眼前上演一次，沒有剪輯，沒有虛幻，只有寫實，更像紀錄片：醫院的消毒水味，慘白的日光燈管，變壓器時不時發出滋滋的響聲，劃破醫院冰寒夜的冷漠。暗合在牆內的氧氣瓶不時地發出咕嘟咕嘟的響聲，病床上婆婆焦灼的神情，因疼痛而扭曲的臉，以及從她身上發出來的異味，都凝固在 2007 年的那個冬天，成為此生我最痛的記憶。

婆婆病重的那段時間，我們讓大姑去醫院專職照看婆婆，不再到我們店裡上班，儘管生意上因為少了大姑，顯得更加忙碌了。可是，每天我和東再忙，我們都會在下班後去醫院看望婆婆，我們怕錯過與她的每一天，對她，對我們來說都彌足珍貴的每一天。

我們去醫院時，就會和大姑一起，將婆婆的病床搖起來，我接熱水回來，東就為他的媽媽遞上一條熱呼呼的毛巾，替母親洗臉；我扶著婆婆的身體，大姑為她拿起牙刷替她刷牙，東用一個盆子，接住婆婆漱口的水。洗漱完畢，我還要用梳子輕輕地為婆婆梳理一下頭髮。那個時候，坐起來的婆婆彷彿根本沒有病痛一般，看起來是那麼健康，她的身體裡面有著那麼多鮮活的生命，她是那麼渴望生。

可是這一次，婆婆沒有因為我們關注的目光，而日漸健康起來，這一次，親人的力量，她強大的求生欲望看起來都幫不了她。她依然一天天地消瘦下去，有時叫胃痛，有時叫肚子痛，兩條腿腫脹得硬邦邦的，我們想她脖子上那不起眼的小腫塊在持續發威了，婆婆的癌症開始轉移了。

東對他媽媽的感情肯定比我更深，我知道他心裡一定非常難受，可是這個兒子，我的先生，我平時叫他「哥哥」的那個人，在我們面前都沒有表現出他的憂傷，他只是相當溫柔地對待他的媽媽，像個最合格的看護。他為婆婆按摩，為她泡米湯，將米湯用針管打進她的胃裡……只要有東在的時候，我就只有坐在邊上的份。

　　我寧願讓東去為婆婆做這些，我寧願被認作是懶媳婦。那是因為我知道，這個時候，什麼都不能代替他們的母子之情；我知道，儘管我這個媳婦也可以盡心盡力地伺候婆婆，可是我知道在看一眼少一眼的時光裡，東比我史希望陪伴在婆婆身邊，史希望撫摸媽媽的每一寸肌膚，史希望在婆婆的最後時光，每一個關鍵時刻都有他當兒子的身影。如果婆婆此去是一條不歸路，想必婆婆會在她的夢魘中，時常看到兒子熟悉的背影在為她忙碌，那個時候，婆婆一定會走得更加安心。

　　東所做的一切，不同於我們女人。身為媳婦，只想著如何讓婆婆躺得更舒服，如何減輕她的病痛。而東除了做這些之外，他還用男性的力量要求他的媽媽振作。儘管婆婆身體非常虛弱了，東仍然殘酷地要求婆婆：要換穿乾淨的衣服，每天要堅持洗漱，要堅持起來梳頭。東知道，如果一個人的精神垮了，她所有的求生欲望也便沒有了。

　　其實，東偶爾在婆婆睡著時，望著她的臉，表情凝重，這個總是沉默的男人，輕易不會說出自己的擔憂。可是我能看出，他的內心有多麼煎熬，只是這個男子漢，作為老父親的臂膀，作為大姑的支柱，作為老婆的靠山，他不能輕易表現出他的悲哀，所謂「男兒有淚不輕彈」，我不知道東在他的兄弟朋友面前有沒有痛快地哭過一場，可是我知道壓在他心底的那座山，早晚有一天會使他土崩瓦解，潰不成軍的。果然，在婆婆走後的那些日子，東很長一段時間都走不出失去母親的陰影。

在他看來，母親是為他而生的。而他也只能在母親病床前表現出那樣的柔情。除此之外，華人過於含蓄的情感表達，讓我們與親人之間在平日裡沒有擁抱，沒有熱情的親吻，儘管彼此如此深愛，卻要保持著適當的距離以求男人和女人之間的獨立。可是否想過，這個女人曾與我們如此親近，我們經由她的子宮來到這個世界，我們曾是她身體的一部分。在母親安好的日子裡，為什麼我們不可以擁抱母親，給她一個親吻？為什麼在離家的那一刻不可以告訴她「媽媽，我愛您」？為什麼要等到母親躺在床上不能動彈時，我們才懂得盡情地抒發我們對她的愛？

　　敢問上天，會不會晚？

　　我想永遠不會太晚的，母子連心，連的就是愛，在這種生死臨界點，這樣的愛顯得尤為突出和重要，它不再是可有可無的東西，而是像空氣和水一樣的必需。可是，沒想到，愛竟然以如此滯後、如此悲淒的面目突現它玫瑰般的溫情。

　　可是在玫瑰色的底襯下，又透露出蒼白，蒼白裡顯現出悲涼。因為我們正在面對的大敵是死亡。但我始終相信絕大多數的死亡，可以是平靜的、安寧的、乾淨的、有尊嚴的。

3. 有媽在的地方就是家

　　「媽媽，哪裡痛，我幫妳揉揉。」

　　「我也不知道哪裡痛，叫醫生。」

　　「媽媽，過年了，不要哭。」

　　「好可悲，我連眼淚都沒有了啊。」

「媽媽不哭是好事，妳好堅強。」

「快過年了。我還在醫院裡。」

「有媽的地方就是家。哪怕在醫院裡。」

婆婆偶爾會呼吸困難，因為血塊卡住，或是因為痰液堆積，婆婆就突然兩眼翻白，然後慌張起來，不停地向我們打著手勢，示意我們按鈴叫醫生或者護士過來。這個時候，我總是心跳得怦怦的，很怕她會一口氣上不來，就離我們而去。

一直住在醫院裡的婆婆，病情沒有好轉，也沒有得到控制。她彷彿是一個坐上溜滑梯往下滑的人，不管醫生如何拚盡全力想拉她一把，都無能為力。醫生們拚盡全力去救治她，卻像是要去抓住大海裡的一條魚般，魚自有油滑的身段，無論使用任何方法與工具，稍一倏忽，牠就游離在你的視線之外。醫院能做的只是盡力地延長她的生命罷了。每天吊瓶裡滴滴答答流進她身體裡的不過是一些營養藥水。連醫生都無計可施的病症，我們也知道無力回天。

剛進醫院時，婆婆還知道痛，醫生每天開一次止痛藥，讓我們磨成粉，泡在水裡，然後用針管將它灌進婆婆的胃裡，這樣一般可以為她止痛六個小時左右。當藥物失效後，婆婆一般會在晚上十點左右，再次感覺全身疼痛，她只叫著痛，眉眼都扭成了一團，在床上瑟瑟發抖。我拉著她的手，輕聲問：「媽，哪裡痛，我幫妳揉揉。」她閉著眼，從眼裡掉出一滴淚說：「叫醫生。」我只能去請醫生為她再開一次止痛藥。

婆婆真是可憐，因為早年氣管萎縮，以及放療燒傷的聲帶，讓她如啞巴一樣，不能大聲說出身上的痛，可憐的婆婆連抱怨的機會都沒有。我真想問老天，是誰給他們這樣的權力，竟然讓婆婆失去抱怨和大吼的機會。

她的痛就鬱積在心裡，這樣的疼痛定是藏在骨頭裡，如細細的螞蟻爬遍全身，小部隊地蠶食，輕微的，酥酥麻麻的，卻讓你有搔不到、抓不到的難受。而更可怕的是，她即使如此難受也發不出吼叫的聲音來，她所有的委屈與痛苦得不到宣洩，甚至得不到絲毫的釋放與緩解，可想而知這樣的痛苦，一定比一般的癌症病人更是痛了幾分。

我唯一能做的便是輕聲問她：

「媽媽，哪裡痛，我幫妳揉揉。」

「我也不知道哪裡痛，叫醫生來。」

偶爾，她也會小聲地抱怨：「上輩子我做了什麼事，讓我今生要這樣受盡折磨。」我也一直聽著，讓她小聲地說出來，哪怕小聲地抱怨，哪怕她說得非常痛苦。她身體的疼痛，是否會因為她告訴了我，而減輕幾分呢？我不得而知。

再後來，她不再叫痛了。可是，另一種疼痛又隨之而來，她的腿和身體都浮腫起來，像一條漂浮的魚。手胖呼呼的，腫亮得像要將皮撐破一樣；腿硬得像石頭，稍微抬一抬都會覺得疼痛難忍。我們用被子墊高，將她的腿放上去，這樣似乎會讓她感覺舒服一些，每一次搬動，婆婆的喉嚨裡都會發出低低的呻吟，臉也跟著扭曲得變了形，雙眼緊閉，雙頰的肉快要和眼睛擠到一起了。

因為脖子上的腫塊越長越大，婆婆不能側身，一直平躺著的她想必已長出了褥瘡。一次為她換床單時，才看到她臀部的皮早已磨破，床單上也有兩塊鮮紅的血印。可是，她從來沒有說過那裡痛，也許這樣的疼痛對於她來說，早已如小巫見大巫般完全可以忽略不計了。

這不僅是一場與死神的搏鬥，更是與自我對弈的心靈之戰，她所受的

罪，不僅來源於病痛的身體，更來源於一個人要孤立無援地面對自己變攻為守，卻潰不成軍的身體。那謀事在人，成事在天的無奈，早已演變成為：你不需要謀，天自會安排。命運早已如脫韁野馬，不受你控制地聲東擊西，而你雖然看起來仍然緊握著韁繩，想要控制局面，可是實際上除了平靜面對一切即將而來的變化，接受命運的安排，除此之外，抗拒、抑制、抵抗、頑固，不僅徒勞，而且會讓人更加難受。

又過了一段時間，婆婆開始每日都閉著眼，除了少量的幾句話，她很少開口說話了。終有一日，儘管身體仍然疼痛，可是當她絕望地對我說，「連眼淚都沒有了啊」，從那一刻起，她看起來似乎不再悲哀，只是沉浸在自己無邊的黑暗裡。不肯再看看身邊的親人，也許她是努力在適應那邊的黑暗。每當有親戚來看她時，她偶爾睜睜眼，然後又將眼緊緊地閉上。全憑耳朵聽著親戚們對她說話，有一搭沒一搭地回應著。

印象中，那個冬天非常寒冷，距離春節也越來越近了。婆婆的病情依然不見好轉，我們似乎看到了結局，更加擔心起她來。

東的外婆是在 1980 年代末的一個正月初一去世的，我們擔心外婆會在春節的時候把她的女兒帶走。當所有人都沉浸在過年的喜慶中時，我們一家人卻在為節日如何度過而發愁。於是，最後我提議，一家人都在醫院裡陪婆婆過春節。

醫院外面偶爾傳來一兩聲鞭炮聲，婆婆閉著雙眼，耳朵卻分外靈敏，她睡在醫院裡，不知今天是何日，可是她聽到鞭炮聲，知道快過年了。

「快過年了，我還躺在醫院裡，回不了家。」

「有媽在的地方就是家。哪怕在醫院裡。」

除夕那天中午，我和東在我娘家吃了頓團圓飯，然後就急匆匆地帶著

媽媽為我們準備的各種飯菜，去醫院和大姑、公公他們一起過年了。

那天晚上，一家人圍在病房外面的陽臺上，把我和東平時去野外時用的卡式爐拿來熱飯菜。婆婆依然躺在病床上，緊閉著雙眼。不過，我們想或許她能夠聞到我們鍋裡的菜香，或許她能從家人團聚的時光裡，感受到一絲生的力量。我們對她說：「媽媽，過年了。」可是此時的婆婆已不能動彈，甚至沒有力氣睜開眼看我們一眼。

可是對於我們來說，只有這樣守著婆婆，才能夠讓這個家更像家。有婆婆在的地方，就是家。也許明年的春節，我們就無法與婆婆一起過一個正常的春節了。所以即便是像現在這樣的守候，也有歡樂的空氣在裡面，至少婆婆還一息尚存，至少婆婆還能感受到兒女繞膝，子孫團聚的天倫之樂。儘管這樣的聚守，對於婆婆來說，很是殘酷，我們的健康映襯著她的頹廢，孩子們的笑顏對應著她因病痛而扭曲的臉，可是即便如此，我依然相信，此時思維清醒的她仍然是幸福的，看著她聚成一線的眉毛逐漸分開，看著她的身體也不再緊繃，我知道她在放鬆自己，她也在享受這一刻。

那一刻，我沒有同她交談，可是我知道她心裡明白：有家人陪著她的最後一個春節，她並不孤獨，她也並不應該感到害怕。兒子、女兒、媳婦、女婿、外孫、孫子的陪伴，還有攜手一生走到盡頭的愛人，最親的人聚在一起的時光，都足以成為她留戀這個世界的所有理由。

4. 我想做隻不死鳥

「我想做隻不死鳥。」

「媽媽，您是看過三毛的〈不死鳥〉吧？」

「是啊，如果能夠成為一隻不死鳥，該多好啊！」

我知道，她對這個世界無比地熱愛。內心的熱情，早已化成生的希望，成為她堅守自己身體這塊陣地的最後法寶。

儘管這個世界給予她更多的是磨難，更多的是病痛，可是我不曾聽過她的抱怨。這個婆婆，替我這個讀過很多書的媳婦上了最重要的「珍惜生命」這一課！

「我想做隻不死鳥。」

「媽媽，您是看過三毛的〈不死鳥〉吧？」

「是啊，如果能夠成為一隻不死鳥，該多好啊！」

此後，我知道我的生命也不再只屬於我，它更屬於我的父母，我的愛人，我的孩子，為了他們，我也要好好地活。

婆婆曾經看過三毛寫的一篇散文〈不死鳥〉。三毛曾在荷西去世後寫道：「我願意在父親、母親、丈夫的生命圓環裡做最後離世的一個，如果我先去了，而將這份我已嘗過的苦悲留給世上的父母，那麼我是死不瞑目的，因為我明白了愛，而我的愛有多深，我的牽掛和不捨便有多長。所以我是沒有選擇地做了暫時的不死鳥，雖然我的翅膀斷了，我的羽毛脫了，我已沒有另一半可以比翼，可是那顆碎成片片的心，仍是父母的珍寶，再痛，再傷，只要他們不肯我死去，我便也不再有放棄他們的念頭。總有那麼一天，在超越我們時空的地方，會有六張手臂，溫柔平和地將我迎入永恆。」

可是，三毛最終沒有成為那隻不死鳥，她依然丟棄父母，把牽掛和不捨之痛留給了他們，決絕而去。

有誰想過，此生應該對父母有此承諾，有父母在的孩子，沒有輕生的權利。就算是父母不在，也要做那個快樂的人，好好地活在這個世上，絕不輕言放棄生命。

而我的婆婆，想做那隻不死鳥，命運卻沒有給她選擇生的權利，草草地奪了她的願望。曾經看過一篇這樣的短文：

　　大學一堂選修課上。教授做一項問卷調查，表發下來，只有兩題。

　　第一題：他很愛她。她細細的瓜子臉，彎彎的娥眉，面色白皙，美麗動人。可是有一天，她不幸遇上了車禍，痊癒後，臉上留下幾道大大的醜陋疤痕。你覺得，他會一如既往地愛她嗎？

　　A. 他一定會　　B. 他一定不會　　C. 他可能會

　　第二題：她很愛他。他是商界的菁英，儒雅沉穩，敢打敢拚。忽然有一天，他破產了。你覺得，她還會像以前一樣愛他嗎？

　　A. 她一定會　　B. 她一定不會　　C. 她可能會

　　一會兒，同學們就做好了。問卷收上來，教授一統計，發現：第一題有 10% 的同學選 A，10% 的同學選 B，80% 的同學選 C；第二題呢，30% 的同學選了 A，30% 的同學選 B，40% 的同學選 C。

　　「看來，美女毀容比男人破產，更讓人不能容忍啊。」教授笑了，「做這兩題時，潛意識裡，你們是不是把他和她當成了戀人關係？」

　　「是啊。」答得很整齊。

　　「可是，題目本身並沒有說他和她是戀人關係啊！」教授似有深意地看著大家，「現在，我們來假設一下，如果，第一題中的『他』是『她』的父親，第二題中的『她』是『他』的母親。讓你把這兩道題重新做一遍，你還會堅持原來的選擇嗎？」

　　問卷再次發到手中，教室裡忽然變得非常寧靜，一張張年輕的面龐變得凝重而深沉。幾分鐘後，問卷收了上來，教授再一統計，兩道題，都 100% 地選了 A。

　　教授的語調深沉而動情：「這個世界上，有一種愛，亙古綿長，無私無求，不因季節更替，不因名利浮沉，這就是父母的愛啊！」

從這兩道小小的選擇題，大家不難知道，這世上唯父母之愛，最無欲無求，如果要說他們也是有求的話，那便是盼著自己的孩子永遠健康、幸福。

　　身為母親，我也最了解做母親的勇敢。要做母親那一刻，當我躺在手術臺上時，毫無畏懼，只要孩子健康，我受一刀之苦，或是獻上生命對於我來說都是不痛不癢。那時的我就像身穿盔甲，身強體壯，戰無不勝的士兵，面對與孩子有關的一切，我都是那麼威武而神勇，獨當一面，不需要援兵。孩子生病發高燒，我徹夜為他按摩那疼痛痠軟的雙腳，無怨無悔。兒子一聲「謝謝媽媽」，早已讓所有的辛苦灰飛煙滅，所有的勞累都已值得。母親之愛，便是如此純然與簡單。

　　婆婆在 2007 年的願望，便是做一隻不死鳥，她不想將所有的傷痛留給丈夫，留給孩子，身為母親的她，知道孩子們失去母親，將會如何的悲痛，甚至會給生活帶來巨大的陰影。

　　「我並不懼怕死亡，只是不想孩子們太過傷心。」那是婆婆拉著我這個媳婦，背著她的兒女說過的一句話。而這樣的話，也許只能跟媳婦說，她相信我的堅強，卻沒料到，最懂她的人，也是最傷心的人。她話音剛落，淚水潸然而下，無聲，她緊閉雙眼，也看到我的悲傷。

5. 最後一次為婆婆擦洗身體

　　有護士看我一大早就挽著衣服袖子跑出跑進，隨口一說：「都來了吧。妳媽媽怕是要不行了。」我的眼淚一下就上來了，剛開始因為一直在忙碌著，沒有意識到，只想著把婆婆的身體弄得舒服些，外人的一句話，好似驚醒了我不願意面對的現實。婆婆，就要走了嗎？她會到哪裡去？

那段時間，我們仍然照常上班，公公和大姑考慮到我們晚上徹夜陪伴會影響第二天的工作，於是主動承擔起了夜裡看護婆婆的事情。他們一人一天 24 小時地陪伴，但我和東仍然每天下班後都去醫院看婆婆，陪到深夜再回家。

　　婆婆要走的前一夜，公公陪了她一整晚。早上我們起床時接到公公的電話，婆婆在凌晨五點左右開始昏迷，我們立刻趕去醫院。

　　當我們趕到醫院時，公公已經離開醫院回家休息去了。徹夜地守護病人，不能休息的他也被折磨得蒼老無比。

　　大姑守著婆婆，發現她的棉毛褲裡有稀溼的黃液順著褲子流了出來。等我們到醫院時，大姑讓我們幫忙為婆婆換洗，那些不受控制的汙穢的糞便弄得被子、床單上到處都是，愛乾淨的婆婆一定非常不舒服，於是姐弟兩人和我一起為婆婆清洗身體。

　　大姑為婆婆脫下髒的棉毛褲，我接來熱水與大姑一起替她擦洗身子，東幫忙將婆婆的身子翻過來側著，我們知道也許這是我們做子女的最後一次為媽媽擦洗身體。

　　有護士看我一大早就挽著衣服袖子跑出跑進，隨口一說：「都來了吧。妳媽媽怕是要不行了。」我的眼淚一下就上來了，剛開始因為一直在忙碌，沒有意識到，只想著把婆婆的身體弄得舒服些，外人的一句話，好似驚醒了我不願意面對的現實。婆婆，就要走了嗎？她會到哪裡去？

　　沒有那麼多時間讓我思考，我又跑去醫院商店為婆婆買來兒童用的大號紙尿褲，等等洗乾淨了可以幫她墊張紙尿布，如果再次弄髒直接換紙尿布就行了。

　　那天是 2008 年農曆的正月十五，醫院周圍時不時會響起一兩聲鞭炮

聲，又是一個團圓的日子。而婆婆，就要離開我們。

清洗完婆婆的身體，我們為她換了乾淨的床單，為她整理了衣服，替她把頭髮梳得平平順順的。我想那一刻，躺在乾淨床單上的她身體一定是輕盈的，是舒服的。她的臉上出現平靜的表情，非常安詳，她的臉上沒有再出現前一天晚上那樣豐富的面部表情，不過這也說明，她已完全沒有意識。任你將她翻動，側身，她的臉上都不再有任何表情，此時從她的臉上看不到歡喜，看不到痛苦，什麼也看不到了。

剛剛東側起婆婆的身子時，我看到了婆婆屁股上那兩塊巴掌大小磨破皮的地方，還帶著沒有癒合的傷口，床單上也是血跡斑斑。臀部像兩把破爛乾癟的蒲扇墜在身上，上面有血淋淋的傷口，像支離破碎的扇面上露骨的枝條，鮮豔如初。

婆婆自始至終都沒有跟我們說過她那裡疼，也許那裡的疼痛相較於身上癌細胞侵蝕的痛苦，早已不足掛齒。

我們一直維持著婆婆的尊嚴，一個臨終者應有的尊嚴。就是她真的要離開我們，也得讓她平靜地、安詳地、乾淨地離去。儘管是自己的媽媽，東始終沒有看媽媽的身體，他只是幫我們護著婆婆的身體，大姑為婆婆擦洗著身體，一遍又一遍，我為婆婆一趟趟地盛來熱水，我們要讓她乾乾淨淨地離開這個世界。

為她擦完身體，我們三人就那樣靜靜地一直看著她，我們要記住她此刻的模樣，我要記住這最後的守候。

有護士在問剛從病房裡出去的大姑：

「你們家兩個女兒啊？」

「不是，只有我一個女兒，我還有個弟弟。」

「那個女人是媳婦呀。真是難得，她整天跑上跑下的。」

「是啊。」

「剛剛我跟她說妳媽媽怕是要不行了，她的眼淚馬上就掉下來了。」

在不知情者眼裡，我就是媽媽的女兒，因為我從來都大聲地叫她：「媽媽。」我對待她從來都與自己的母親無異。

美好婆媳關係相處之道一：請對你的婆婆溫柔相待

在我十六歲那年，曾背過席慕蓉的一首詩〈無怨的青春〉，那上面寫：在年輕的時候，如果你愛上了一個人，請你，請你一定要溫柔地對待他。不管你們相愛的時間有多長或多短，若你們能始終溫柔地相待，那麼所有的時刻都將是一種無暇的美麗。

我永遠記住了這四個字：溫柔相待。不僅是對你愛情裡的主角溫柔以待，愛他身邊的人，不讓他為難，也便是與他最大可能的溫柔相處。

如果你有一個身患癌症的婆婆，或是一個身體不好的婆婆，你只能極盡溫柔地去對她。生命對於誰來說，都是極其珍貴的，不管她是平民，還是富翁，在生命面前人人平等。對別人的生命，我們一樣要極盡所能地去善待。

請原諒她以生病之名，或者是以愛之名，曾經與你的恩怨，沒有什麼計較大得過生命。所有的爭吵，憤怒，曾經婆婆的鐵血，都將因為她柔弱的身子，與媳婦相較再無還手之力。你是否忍心在她生命岌岌可危時，仍然趁人之危，要在這個時候與她繼續過往的戰爭，要知道，你與她的一切恩怨喜怒都將在她生命結束的那一刻化為灰燼與烏有。而我們最應該想的是，這個女人，孕育了你最愛的那個人。

對待那個有緣和你做婆媳的人，不要在她生病的時候嫌棄她，因為她是你最愛的人的母親。放心大膽地去為她按摩，去為她端屎倒尿，不要心懷芥蒂，不要去將她和自己的母親區別對待，也許很難做到，可是也許你在陌生人身上都可以施以的憐憫和關愛，那對這個與自己有著共同生活經歷的女人，何不更加溫柔以待。

　　而身為女人，我們也有可能成為別人的婆婆，多年的輪迴，不同的時間，相同的命運也許又會迴轉到我們身上。以己之力，愛人以及自愛。

　　用對自己母親一樣的憐憫之心，去對待那個生病或者不久於人世的人，多一點感恩，原諒過往的爭吵，你的兒子或者女兒，會將你付出的一切看在眼裡。如果今天你做了那個狠心的人，二十年後，也許你的兒子或媳婦會是另一個翻版的你。

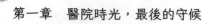第一章　醫院時光，最後的守候

第二章
還是走了

在生死面前，所有的等待都是值得的

只有當父母處在生死的臨界點，你才會懂得所有陪伴與等待都是值得的。所有的慢時光都散發著金子般的光芒，你不會再用速度去追求，你不會再不耐煩地催促，允許他們像孩子一樣慢動作，允許時間以慢半拍的速度，像電影中的慢鏡頭重播一樣，一遍又一遍，在你看來，都獨具意義。

死，也許於婆婆是一種解脫，儘管她有那麼多牽絆，儘管她那麼珍愛生命，可是宿命早已將結局定下。

生命原是如此急不可耐，像一輛疾馳的列車，飛速地運動，明知每個人的終點都是同樣的地方。可是，有些人乘坐的列車，向著那個終點飛奔而去；有些人勻速運動，緩緩地靠近生命的終點。

而每個人乘坐在屬於自己的列車上，根本不知道它會在哪一站停下。當生命的剎車在某一刻戛然而止，你發現沒有任何訊號燈，沒有提前出示的安全旗，向你提示這便是生死相別的交點。人如螻蟻般地不知反抗，也根本無力回擋，便猝不及防地甚至來不及和一個個親人告別，就被帶到另一方不熟悉的土地上。

生命原不受安排。婆婆也在短暫的昏迷之後，沒有與每一個孩子親自道別，便匆匆地被帶走了。

總是在電視劇中，看到舊式大家庭中生死離別的場景。當一位老人行將就木時，總是有許多的子子孫孫陪伴，一幫人跪的跪，蹲的蹲，站的站，裡裡外外的幾層，有人哭哭啼啼，有人鬧著嚷著，睡在大木床上的那位老人不斷地喘著粗氣逐一地給兒子、孫子們留話，讓這個孫子聽話，說那個兒子讓他最不放心，囑咐這個，叮囑那個，要說老半天，然後用留

戀的眼神將全家老小心不甘情不願地掃射一圈，最後才無比安靜地閉上老眼。此時，房間裡響起一片哭聲，甚至還有呼天搶地的哀號聲，叫著「媽，奶奶，大阿姨⋯⋯」等等。那樣的熱鬧，也像是家族裡一種熱鬧的聚會吧。

而今天的我們，在父母膝下只有一個孩子的情況下，又有多少人能安安然然地守著父母的最後幾分鐘，握著她（他）的手，認真地在最後的時光裡細數老人的每一條皺紋，清楚地記住父母的每一根白髮，牢牢記住父母的模樣。

孩子們總是太忙了，總是以太忙為理由，不回家看父母；總是以太忙為理由，將孩子放在父母一邊，繼續打擾他們的晚年生活；甚至以太忙為理由，忙得都沒有時間為老人送終。

唉，我就是那樣的子女。在婆婆將走的那一天，出來做什麼呢？知道她已走到生命的盡頭，我們又在忙些什麼呢？客戶就那麼重要嗎？將腸子悔青了，也換不回婆婆的一聲輕喚，原以為重要的事，在生死面前算得了什麼呢？而我們是如此愚笨，生活給了我們重重的一次教訓。

當我們接到大姑的電話，十五分鐘之後趕往醫院病房時，我們看到了剛剛「睡著」的婆婆，那一刻，我並沒有想像中的難過，只是覺得她睡得很安靜，臉色還沒有失去原有的光澤，我去拉她的手時，依然有著餘溫，這樣的婆婆就像睡著一樣，並不可怕。我靜靜地看著她，就想記住她的模樣，我怕我們會像走丟的親人一樣，慢慢地忘記彼此的模樣。而這一刻，我沒有淚水，只是彷彿置身於黑洞，看不到光亮。後續的事情還有很多，要通知親戚朋友，要聯絡一條龍的禮儀公司，要與醫院結帳⋯⋯腦袋麻木地運轉著，我甚至沒有時間哭泣，總之，那一刻，我其實沒有完全接受那

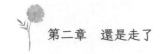

樣的現實，我不覺得她是真的走了。

　　醫院的老婆婆為婆婆換上壽衣，黑黑的衣褲，黑色的布鞋。當她將被子掀開時，我看到婆婆躺得筆直，那黑色的衣服，不是她平時喜歡穿的顏色，她羸弱的身體在寬大的黑衣裡像風飄柳絮般無所依靠。

　　這一身黑衣，彷彿才鄭重地向我們宣布，婆婆真的離開我們了。眼前就是這樣的一具軀體，不能移動，不能說話，更無法給我一個笑容，也不會在我面前述說疼痛，看似她睡著了，其實她已走了。她真的走了。

　　第一次作為成年人，為老人送終，操持這樣的後事。開始打電話給親戚朋友，打電話通知「一條龍」禮儀公司，來將婆婆的遺體接走。讓姐夫找了個離家近的地方，去搭靈堂。

　　最後的守候，我們只有這最後的守候了。在一些地方，將喪事和婚事一起被稱為紅白喜事。可是我確實不知道面對一個親人的離世，喜從何而來？

　　後來看韓國電影《我愛你》，片中的老人七十七歲，因為疼惜身患絕症的老伴一個人去了，會在黑暗中找不到方向，於是男人將家裡的門窗關得死死的，再用膠帶封上所有門窗的縫隙，決絕地開啟瓦斯，然後緊緊地握住老伴的手，平靜地一起面對死亡。

　　之後，孩子們不明實情，以為是瓦斯外洩造成的事故，並未深究。在喪禮上，一個孩子還在向來客敘述，說老人已經七十七歲了，如此乾脆地去世也算是沒有拖累，也算是喜喪。旁邊一個知情的老人痛恨地跳起來，說：「什麼是喜喪，沒有人死去是喜喪的。難道他們七十幾歲就該死了嗎？」

　　我被這句話擊中，淚溼眼眶，是啊，沒有哪一個人的去世會是喜事，

即使這個老人已老得大家都覺得他的列車已年久失修，早該廢棄。如果他不願意放棄生命，沒有人有那樣的權力。

而對於那些至親的人來說，這樣的離別便是永生不得相見，便是永世不能對話，便是陰陽兩條路，這一切對於親人來說，都是無法企及的疼痛，是無論如何都「喜」不起來的。

婆婆真的走了，沒有和我們真正地告別，沒有等待我們，看上我們最後一面。而那無法再補上的最後一面，便成為永遠的傷痛留在了心底，縱使幾年以後，結了痂，也依然是稍一觸碰就會有復發的疼痛。

沒有媽媽的家還是真正的家嗎

我知道在道士一句句的念經聲中，婆婆的靈魂越走越遠了。她真的越走越遠了，我們是在送她最後一程。她還能看見嗎？所有的家人是那麼筋疲力盡、心力交瘁，沒有媽媽的家還是真正的家嗎？

婆婆的靈堂就設在工廠公路旁的一塊空地上，只是搭上了凡布條遮風雨，地面是凹凸不平的那種土路，沒有鋪過混凝土。如婆婆這一生都在風雨飄搖中度過一樣，婆婆生命結束的時候，也在如此樸素的地方，樸素到寒酸的地步。

婆婆的靈棺放在正中間，左右擺著幾張桌子，桌上擺著些瓜子、花生、糖。禮儀公司把鍋碗瓢盆攤開來，放在靈堂的外面，我傻傻地站在靈堂外面，有些回不過神來。晚飯沒有吃，一直在張羅著。

阿姨來了，舅舅和舅媽也來了，我們一起吃著泡麵充飢，可是肚子裡一點沒有餓的感覺，只是機械地吃著。

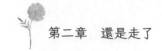

夜慢慢來了，我要守著婆婆到天亮。

夜裡，婆婆的靈魂一定會出來看我們。那一晚，我一直守著婆婆，看燭火是不是還亮著，看油燈是不是還亮著。那是要為婆婆引路的。這個夜裡，東就成了沒有媽媽的人了，我看著他長滿鬍鬚、憔悴的臉，越加心疼，在心底暗暗對自己說：「這個人在世上沒有了媽媽，以後的路我們要一起走過，我們一定要好好度過。」

和親戚們一起回憶婆婆最後的日子，姐在講著婆婆最後遠去的情形，我的心便開始感覺到疼痛，偷偷地跑到靈堂外對著那晚的月亮獨自哭泣，那是那一年的第一個月圓之夜，在萬家團圓的大年，她卻這樣放下兒女們走了，不給我們一個滿月。這是那天第一次痛快地哭泣。

第二天，東和我的朋友們，還有兒子，我的爸媽，以及一些親戚都來為婆婆守靈，等著第三天天亮時，將婆婆一起送上山。

我們請來了道士，為婆婆誦經。婆婆生前不喜歡張揚，也不希望請樂隊來唱歌，於是我們只是安靜地為她送別。

按照習俗，我們在道士的念念有詞中圍著婆婆的靈柩轉圈。當我再次離婆婆那麼近，與我相對的卻是搭著一床布的靈棺，我甚至看不到婆婆的臉，這時，我才真正感覺到生死相隔是多麼遙遠。即便你離她再近，她也不能音容俱在地站在你面前，給你暖暖一笑，向你伸出溫情的手了。

沒有溫度，只有距離；沒有真顏，只有老舊相片；沒有暖心的話語，只有淒涼的心景無語獨白。這時，我才感覺到從心底鑽出來的刺心的疼痛開始折磨我，我忍不住一邊走一邊淚如雨下。道士的每一句念詞彷彿都直刺心底，我知道在一聲聲的念誦中，婆婆的靈魂越走越遠了。她真的越走越遠了，我們是在送她最後一程。她還能看見嗎？所有的家人是那麼筋疲

力盡，心力交瘁，沒有媽媽的家還是真正的家嗎？

第三天早晨六點，東和他的一幫好兄弟將婆婆的靈柩抬上了車，我們要送婆婆去殯儀館了。那是最後的見面，最後的告別。

當主持人在殯儀館裡讓所有的親人向婆婆告別時，她的每一句說詞，彷彿都要將我扔進無底的深淵，我穿著羽絨外套，卻像鑽進刺骨的寒夜般直發抖。婆婆臉上蓋著的白棉布揭開了，露出她如紙一樣「臘黃」的臉，此時她的臉再也沒有了血色，與她生前的模樣相差很遠。臉上沒有了笑容，沒有任何表情，只有冷凍，只有冰涼，沒有塵世的煙火，她不再是她。

哀樂聲起，主持人在抑揚頓挫地念著那些早已熟爛於心的陳詞，帶著哭腔，不知道她每日要替多少人主持這種告別儀式。可是她的聲音，讓我的心底伸出一雙手來，那是一雙挽留的手，要拉住婆婆，因為這是最後的相見，最後的告別……我開始小聲地啜泣，似乎嚎啕不是我這樣一直將情緒含蓄著的女人可以所為的。想到再也看不見她了，想到再也不能和她話家常、恣意閒聊了；想到以後在我家的廚房裡，再也不能和這個女人一起並肩站在那裡為家人做飯了；想著家裡永遠少了這個人，家再也沒有團圓之日了。而和她在一起的回憶，太多，太多了。這個女人在世間受盡了折磨，終於以這種方式去了，去到天堂，我相信天堂很美好，天堂沒有疾病，沒有病痛，婆婆會在鮮花盛開的地方安享屬於她的日子。

可是，這一切的思念與哀念，不能讓我放手。我因「再也不能與這個女人一起做我們想做的事」的固執念頭而痛哭流涕，我再也顧不得別人如何看我，我再也顧不了我的身分只是個兒媳婦，我有什麼好躲藏的？我有什麼好隱瞞的？我就是要哭出來，我就是要大聲地哭出來。我靠在東的肩膀

上，從小聲地哭泣變為了不可扼制地哭了個驚天動地。自己都被自己的哭聲嚇倒，也許從小到大，我從來沒有如此放肆地哭過。沒有，一次也沒有。

1989 年外公去世時，我只有 14 歲，那時我也痛哭過，只是眼淚順著臉龐流過，壓抑著，無聲的，用年少的細膩的情感，感知著外公遠離我的事實。我依然記得當時媽媽像瘋掉一樣跺腳，嘶喊，將身體拚命地撲向外公的棺材，眼睛裡早已沒有了淚水，只有喉嚨發出的嘶啞的哭聲，彷彿是習慣性地嚎叫，無休無止。那時的我拉住媽媽，和她一起淚流滿面，嘴裡發出嗚咽聲，早被媽媽的聲音蓋住。旁邊的親人，也在讓我努力地止住眼淚，對我說，「要堅強，妳再這樣痛哭流涕，媽媽更不知道怎麼辦了。」於是，我被賦予了另一種堅強，雖然從小在外公身邊長大，雖然我對外公的感情也極其深厚，可是我只能小聲啜泣，或者無聲淚流。

不過，那時的我也許並不能真正地理解媽媽痛失父親的心情。而在婆婆走那天我明白了，那種陰陽相隔的痛苦，永不相見的遺憾，夾雜著種種心疼撲面而來，重得讓你無法承受，你只有拚命地任淚如泉湧，你只有大聲地嘶吼，你只有用平常無論如何也發不出的聲音來表達自己，你只知道世界上那個最疼你的，你也最愛的那個人走了，那種撕心裂肺、掏心挖肝的痛，彷彿將心底隱藏得最深的那塊朱砂連根拔起。那塊朱砂平日裡藏於內心深處，不痛不癢，在心底安然無恙，忽然有一天，它就那樣突然地被橫刀割去。那樣的疼痛，是無法用語言描述的，唯有自知。

忽然感覺自己像似無根無鬚飄浮於空中的大樹，就是長得再茂盛，也有種失去地基的虛無。父母就如那大樹的根和泥土般厚實的基座，有他們在，作為樹葉的你，在風中跳舞、在雨中唱歌都安然自得，你也許從未注意那些曾經非常粗壯的根已經在腐朽、在硬化、在沙化、在風化。你的日子過得太美了，你可以看日出，你可以陪著月亮一起安眠，而年老的父母

欣喜地仰望著你偉岸的身軀；也許你抬頭便可看藍天、聽鳥語、聞花香，你享受著你認為美的一切，而父母只是默默地感受著你的美、你的好，看你在枝頭起舞，聽你在風裡唱歌，他們甚至知道你不再需要陪伴，他們默默地任你忽略，直至有一天，他們化作風雨而去，你才意識到你有多愛你的父母，而他們卻不再給你機會，讓你看見他們，讓你陪伴他們。也許這便是老天的懲罰吧。

媽媽也是在失去外公之後，充滿著遺憾與愧疚。當時正值 1980 年代末期，媽媽覺得好日子剛剛到來，還沒來得及孝順父親，他卻因為腦溢血就這樣在來不及留一句遺言的情況下，急匆匆地走了。後來，媽媽還經常念叨：「妳外公還沒有享受過用熱水器洗澡，外公還沒有享受過自己家獨立的廁所，外公還沒有享受過……」媽媽的言語裡充滿了遺憾和作為女兒的愧疚。當時，我們家並不住在外公住的小鎮裡，媽媽也只有逢年過節，工廠放假時才能去看看自己的父親。不過也是匆匆見上一兩面，又走了。

二十歲，媽媽離開家上班，到外公去世時，算起來每年在一起的時間也不會超過二十天。而媽媽沒想到，一向健康的外公會突發腦溢血離世。這個世界上所有的生命都不會因為別人的等待而延長，而我們一向最容易犯的錯誤便是以為對一切都瞭若指掌，一切都接受我們的安排，任何事情都可以按部就班，按計畫行事。而誰曾想，生命根本不理會這套，也是不受安排的。而那時只有十四歲的自己，也不會真正體會媽媽的那份痛楚。

真正讓我理解媽媽失去父親的疼痛，是在我婆婆去世的那一刻。

那天，當主持人還沒念完悼詞，我的肩頭開始不停地顫抖，我的哭聲已變成另一個人的聲音。我自己也從來沒聽過自己這樣歇斯底里，不受控制的哭聲。當我們圍著婆婆的遺體巡走一圈時，當我無限地靠近她時，我

撲向了她，我要去靠近她，我要去靠著她，我要最後再摸摸她，再去最後確認一下，她是不是真的沒了體溫，沒了感覺，沒了留戀，連我們這些最最掛念的兒女都可以放下。

我被東的大嫂攔住了，我被他們扶著走過，可是我哭著嚷著說：「讓我去給媽磕個頭，讓我去給她磕個頭。我就想給她磕個頭。」

東扶著我，我走到遺體的正前方，「碰」的一聲，跪下了。我說：「媽，我為妳跪下了。媽，妳聽得見嗎？媽媽，走好啊！」

然後大嫂扶著我坐到門外的椅子上，一邊替我擦眼淚，一邊安慰我說：「媽媽不希望看到妳這樣的，她最喜歡妳了。她生病那麼久，這樣的結局對她來說，也是個解脫。」可是，我搖著頭，我不想她那麼快就走啊，我更為我沒有守到她的最後一刻，深深自責。

第一次這樣經歷生死，當婆婆被推到火化爐前，讓我們再去看最後一眼時，我跑到那個玻璃窗前去看婆婆，隔著玻璃，看到裡面的禮儀師將婆婆放在了一個爐口前，婆婆睡在一張鐵皮做的鐵板上。那上面一定很冷吧？這麼冷的天，婆婆最怕冷了，那冰涼的氣息是否會將她帶入另一個冰冷的絕境？人死後也許還一樣知道冷暖吧？腦袋裡飛速地想著這些問題，眼睛死死地盯著婆婆那張發青的臉，凹陷的臉頰，沒有表情，兩手放在穿黑衣的身體的兩旁。此時的她，讓我覺得很陌生，這真的是我的婆婆嗎？我依然不能相信。

禮儀師將玻璃窗前的簾子慢慢拉上，婆婆睡在那張冰冷的鐵板上，被緩緩地推入熊熊燃燒的爐火中，約一個小時之後，出來的就只會是一堆骨頭，不見容顏的骨頭。當禮儀師通知家屬進去撿骨頭時，東抱著骨灰盒進去了。我們在那堆骨灰面前站立著，我已沒有了眼淚，無從哭泣，禮儀師

毫無表情地說：「你們可以來敲敲這些大塊的骨頭，然後用鉗子把它們放進骨灰罈。這個不知道是什麼東西，像金屬的，沒有燒爛。」我撿起那塊金屬，那是曾與婆婆生命相關的呼吸器，永遠都插在她開了口的喉嚨上，保護她呼吸順暢的呼吸器，而這個東西倔強地不被火爐的高溫熔化，也許是婆婆的意思，婆婆是想提醒我們，它靠這個老傢伙撐著走過了三十年的風風雨雨，她無比頑強地戰勝了病魔與病痛。可是，她不想這個老傢伙跟著她一起走進另一個世界。在另一個世界，她要成為最健康的那一個。

婆婆就變成了一把灰，一些骨頭。人死後，就變成了如此不再負重的粉灰，可以隨意拋灑，風一吹，便沒了蹤跡。人生前所有的一切，都如這粉灰，灰飛煙滅。人世間的一切，繁華、富貴、官位、名譽、地位，於此時的人都毫無意義。一生的追逐，也在人閉眼的一瞬間幻化成無邊無際的遙遠。真的是沒有什麼可以帶去。

2013 年初看了一部叫《雲圖》的電影，裡面有一句經典臺詞：「我們的生命從來不只是自己的，從子宮到墳墓，我們和其他人緊緊相連，無論前生還是今世。每一樁惡行、每一個善舉都會決定我們未來的重生。」我相信每個生命都有輪迴，以不同的方式呈現不同的樣子，這樣想，會讓我覺得生命值得敬畏，在底線之上，什麼可以為之，什麼不可以為。唯有這樣，當生命大限來臨時，才可以無所畏懼、無所遺憾地平靜而去。

最深的痛還不在生死臨界的那一瞬

婆婆曾和別人說，和我這個媳婦交流很愉快，甚至我對她的了解，超過了自家的貼心女兒。要多少年前世的緣分，才能修得我們今生的投緣

啊？要多少年的時光，才能沉澱出讓兩個女人都享受那瓦斯爐邊的溫情時光啊？

我與婆婆的情分真的到此結束了嗎？我一直在想這個問題。

當我回到家，拉開冰箱的一瞬間，我的淚水就忍不住撲簌而下，婆婆生前買來的鹽還在冰箱裡，她就像仍然在我們身邊一樣，並未遠離。

而我家的廚房也成為我最不能遺忘婆婆的地方。我們曾在瓦斯爐邊說話，我們曾一邊切著菜，一邊話家常。婆婆在生病前不久，在廚房裡對我說了一句我此生都忘不掉的話，她感慨地說：「我時常和別人說，我和我們家媳婦很談得來，比和女兒說話還要愉快。」這句話，讓我非常感動，也非常得意，能讓婆婆對我如此評價，我想我的確該知足了。我並沒有說什麼、做什麼，我也沒有刻意去討好她老人家，只是我們的想法特別接近。她的每一句話，我都能聽懂；她那別人聽不懂的嗓音，與我交流卻非常順暢；她的每個動作，我都能心領神會，深明其義。我們就像同類人一樣找到彼此，相知相惜，相互憐愛。

也許是與婆婆有恰到好處的疏離，這種疏離正是婆媳之間才有的，不像母女之間的那種隨意，反而贏得了更深層次的尊重。所以婆婆說任何話，我都不會衝口而出地回她，也絕不會如同對自己母親那樣去反駁她，我們給了彼此最重要的尊重。當然也不會像對待自己母親那樣，偶爾做出不耐煩的樣子，說出不耐煩的語句，我們理論上就是相敬如賓，是發自內心的最大限度的互相體諒。

廚房成為我不能忘記婆婆的地方，而對於東來說，母親的消失也許要延展到孩童時期的記憶，那些曾經如此鮮活豔麗的童年，那些意氣風發的青春時光，那些成年以後與母親默默相對的光陰，那些如此鮮亮真實的日

子都在母親去世後，成為兒子難以自圓其說的痛。

婆婆走後的那些日子，東顯然有些失常。我們夫妻常常對坐在車上，卻一路無語。不知從哪句開始說，不知可以說些什麼。我也生怕提到婆婆。

及至後來看電影《父後七日》，我才終於知道了我們夫妻在婆婆去世後，看似重新滾入生活的平凡洪流中，卻比辦喪事的那三天情緒還要低落的原因：那是因為之前我們要求自己必須像個正常人那樣打起精神來，對付那些與喪禮有關的事。而當這些事都漸漸平息後，我們才真正有時間來接受親人真正離世的事實。

之前所有的痛哭與悲傷，都只是像強制注入心底的一劑麻醉藥，讓我們機械地意識到那個人離我們而去了。而當面對生活，最真實的生活，以及那些日復一日的習慣，突然間被打破甚至改變時，我們才真切地意識到這個人真的再也不會出現在自己的生活裡，而陷入無盡的難以向外人訴說的悲哀之中。

鹽還在冰箱裡，可是不再有人會跟你說，泡泡菜時需要再加點泡菜鹽；她吃湯的杯子還在那裡，可是你再也聽不到她用勺子攪動米糊的聲音了；她打的半截毛衣還在那裡，可是你再也沒有辦法看到那件毛衣成形地擺在面前，她笑嘻嘻地讓你試穿了……

生活強大的影子，將我逼到牆角，我的耳邊迴盪著她沙啞的聲音；推開小房間那道門的瞬間，還產生她仍然坐在床頭和我說話的幻覺；走進廚房，似乎仍然看見她在廚房裡低頭切著洋蔥，眼睛裡掉出一滴淚來。

一切都看似平常如初的時候，那些家具還擺在原來的位置，她曾坐過的凳子，洗過的毛巾，用過的牙刷，喝水的杯子，穿過的鞋子……可是家裡卻因為少了這個女人，而將過去那如蜜般的日子撒得滿地都是，黏糊糊

的，讓你想要舉足逃竄，卻被牢牢地黏上；不情願地跺腳拔腿，卻只會與打翻一地的蜜糖拔絲相見。這時候，所有的掙扎、所有的抗拒都是徒勞，我們沒有任何辦法，只有待在原處，不發聲，甚至不呼吸，蹲在角落裡，任回憶這把毒箭將我們刺穿，雖是疼痛難忍，卻因為還要面對另一半，而整日摀著傷口，任毒素在身體裡肆意發作，直至腐爛。

終於在那天，我們夫妻都有些不知所措，不知如何面對對方時，我們開始分別去找各自的朋友。我把他丟給了他的朋友，我打電話給他的好朋友叮囑：好好陪陪他，喝酒、聊天都可以，要照顧他。

而後，我開車去找我的閨蜜，開到女友公司的樓下，我打電話給她，讓她下來陪陪我。她打開車門的一瞬，我正坐在車裡泣不成聲。閨蜜見到我的第一句話：怎麼那麼低落？我無言，我就是想哭，而這樣哭，這種痛，卻不能在東的面前表現出來。我壓抑得不得了，我處處小心著，兩個敏感的人都不能提及婆婆，卻又都找不到出處，所以一段時間以來，我和東極不正常地各自壓抑著自己，婆婆的去世猶如一枚炸彈，怕它不定時地在我們中間爆裂開來。

我們彼此都保護著對方那根脆弱的神經，可正是這種無所依託的脆弱，我和他都如同失去自己親生母親一樣的痛，以及無處排解的憂傷，對人生無奈的束手無策，對人之歸宿的疑問，讓我們無法相互面對。

很長一段時間，我無法向外人提及婆婆。我一說到她，就會沒來由地不停地落淚。此後的幾年，每年在去她的墓地時，我都懷著一種去看她的心情，好像她從來不曾遠去一樣。為她買好菊花，為她帶去水果，為她打掃墓碑，我們沒有離別，我們依然在一起。在這個家裡，有她才完整。

當我告訴閨蜜，我在寫關於婆婆的書時，她告訴我，是該放下的時候

了。把她放進心底，不要再執著了。我不知道是不是自己太執著，可是我相信朋友所說：你與婆婆的緣分實在是太深了。我寧願相信這樣的說法。

生命的深省

婆婆的去世，喚醒了我更多的對生的思考，對死的不懼，如何活得更好，如何讓自己發出愛的光輝，用人性的微小光芒去傳遞，去傳承，去感染，去學會愛，這些富有色彩的內容讓我覺得生命更具意義。

婆婆走了，可是有關生命的思考，讓我更加深省。

看過一則小故事，說一隻狐狸看到一個花園，非常想看看花園裡有些什麼，但是牠胖胖的身體讓牠不能擠進花園周圍的欄杆，於是狐狸就坐在花園外不吃不喝，等到身體瘦得可以鑽進花園了，牠愉快地進去了。哇，花園裡有好多食物，牠坐在地上吃，爬在樹上吃，不停地吃啊吃，身體又長得圓滾滾的了，可是牠又無法出去了，於是它又坐在欄杆旁，不吃不喝很多日，等身體終於瘦回原來的體形了，牠才又從欄杆裡擠了出去。有人在旁邊感慨道：其實人這一生也是如此，赤裸裸地來，也只能赤條條地去，什麼都不能帶走。生的過程，追逐太多，不過也只是浮雲。

這則寓言小故事真的給我們講了一個最深刻的道理。

曾是大學教授的于娟在身患絕症之後，寫出《此生未完成》一書，上面寫著：「我們要用多大的代價，才能認清活著的意義？」她在書中寫道：「在生死臨界點的時候，你會發現，任何的加班（長期的熬夜等於慢性自殺），給自己太大的壓力，買房買車的需求，這些都是浮雲。如果有時間，好好陪陪你的孩子，把買車的錢給父母親買雙鞋子，不要拚命去換什麼大

房子，和相愛的人在一起，蝸居也溫暖。」

　　有多少人可以在健康時有這樣簡單的生之理念，而人最後的醒悟與代價，只能在生死臨界點才可感知。人此一生，奔忙來奔忙去，不過是因為有那口氣的存在，因為有口氣，讓我們覺得奮鬥一生，做出點成績來就是生的極致，而這種成績有時是做給別人看的，有時是為了滿足自己的虛榮心。

　　而當我們呼吸順暢時，從來不會想到如果有一天你已經呼吸困難，如果全身如有千條蟲子爬過一樣，難受得像被它們一塊塊侵蝕，你的願望是什麼？你還會在乎今天有多少存款嗎？你還會分不清什麼對你最重要嗎？你還會在意別人怎麼看你嗎？你還會比較自家的車子沒有別人的好嗎？你還會在意自己混到這個時候也沒有什麼職位，比隔壁家的老王丟臉得多嗎？是不是只有當生命一息尚存時，人才可以活得最簡單？

　　于娟在書中寫道，當一次化療結束後，于娟回到家裡，剛十九個月的兒子土豆趴在她的膝蓋上，奶聲奶氣地唱「世上只有媽媽好，有媽的孩子像個寶」時，她流著淚想：也許差那麼一點點，我的孩子就變成了草。她還寫道：「哪怕就讓我那般痛，痛得不能動，每日汙衣垢面在十字路口上，任千人唾罵萬人踐踏，只要能看著我爸媽牽著土豆的手去幼稚園上學，我也是願意的。」

　　生之容易，在大限來臨時，才會變得如此簡單。我想婆婆也是一樣，就是在生命的最後一刻，也是苦苦地渴求著奇蹟的產生。而奇蹟沒有在她身上出現，十多年前從多日的昏迷中醒來，相安無事地又過了十幾年的奇蹟沒有重新上演。老天爺曾經厚待過她，不過沒有慷慨到再給她第二次的機會。

　　婆婆去世後，我有意看過一些有關生死的電影，在一部叫《寫給上帝的信》(Letters to God)的電影裡，罹患腦癌的弟弟一直堅持寫信給上帝，他的信並不是為自己祈求健康，他只是在信中寫下了對家人、對鄰居、對身邊人的祝福。他知道上帝並不一定能收到他的信，了解他的願望，可是他樂觀而勇敢地活著，他認為自己就是上帝選擇的勇士，他要擔當起勇士的責任，他用勇敢，用生命的活力感染著周圍冷血的人，他要用自己的行動來讓那些覺得自己一切都做得很糟的人重新了解自己，認識生命。他做到了。

　　儘管因為最後上帝迫不及待地想見他，弟弟毫無懸念地走了，可是那些寫給上帝的信依然讓周圍的人看到了生命本來的面目，並不是殘存的無奈，不是無可奈何的得過且過，不是埋頭走路的辛苦，不是心涼如夜的孤獨奔跑，都不是。生命是可以按照我們希望的方向行進的，只要你的心底有最堅定的信念，知道自己想要什麼，你就會有足夠的力量吸引你想得到的。

　　以一紙無情的力量，換作我們生的勇氣。人生到最後，不過是殊途同歸，想來渾渾噩噩也不過幾十年，生之意義在所有人看來，不過是紙上談兵，輪到自己頭上時，未必會清醒自知。

　　而如林徽因所說：「溫柔要有，但不是妥協。我們要在安靜中，不慌不忙地堅強。」在不慌不忙中堅強，多麼棒的說法啊！儘管很難做到，我們也要為之努力。

　　婆婆的去世，喚醒了我更多的對生的思考，對死的不懼，如何活得更好，如何讓自己發出愛的光輝，用人性的微小光芒去傳遞，去傳承，去感染，去學會愛，這些富有色彩的內容讓我覺得生命更具意義。

於是我懂得在生活中如何取捨，如何不計較，如何融入社會，又清醒地看清自己內在的需要，內心的清醒與自持，讓我活得比前些年更加透澈。在婆婆去世後的第二年，我進入一家雜誌社，做了我最喜歡的文字工作，每天穿行在文字的喜悅裡，讓我成為一個幸福的人。

我知道什麼才可以給自己帶來真正的幸福和愉悅，我懂得了與家人在一起的時間，要比加班的時間更多；我懂得了適時地說「不」，活得更加清醒，也讓我活得更加自我，更加自如。如作家潔塵所說：三十五歲的女人，有了神賜的力量。

寫這一章時，我幾乎總是淚流滿面。在書房裡，我一邊小聲地啜泣，一邊繼續敲打著鍵盤。回憶總是那樣的清晰，總是將人推進那一天的殯儀館，那最後的生死一面，我永遠無法忘記那天直刺胸骨的疼痛。而今天，事隔四年之後，無論何時何地，想起那天冰冷的一幕，我都會悲從心起。我不知道如何放下那一刻，我不知道該如何面對以後無數次的親人離世，一個個的，我愛的親人，我的父母，他們都有可能先我而去，我究竟該如何面對這麼多次的生死離別？

鎖緊了眉頭，我不願意想這樣的問題。生命如同一場修行，我怎麼也學不會看輕生死。也許唯一可以做的就是在父母年老時，多陪伴在他們身邊，每週去探望他們，不要以忙為藉口，拒絕看似無所事事的相處。對他們耐心，不厭其煩地回答他們的提問，關心他們的身體，帶他們去體檢，這些看似非常簡單的要求，又有多少兒女能做到？

親人的離世，讓我徹底警醒：在親人都健康時，與家人相互依賴、相互信任、相互關心，將那些相處的微小細節作為互相依存的信念。每個人的生命和生活，沒有那麼龐大的開始和輝煌的結束，那些瑣碎的日子，

最容易讓人忽略，卻是生活的底色，平淡而有趣，是上天最有心的恩賜。在愛與被愛中流放自己，活出恩寵，活出簡單，活出愉悅，讓生命存在的每一天，在流走的時光裡釋放自己微小的光芒，愛人以及被愛。

美好婆媳關係相處之道二：不把自己當外人

時常有女人這樣說，我就是在嫁給他之後，他們家人依然把我當外人，什麼事都不告訴我。

我想問是不是妳也一樣沒有將他的家裡人當自己人呢？為什麼他們要背著妳說一些事，是不是妳也有他們家的事，不關自己的事，不管不問之嫌呢？

我在與婆婆的相處之中，一直是將婆婆家裡的事，都當作自己的事來看。所以在婆婆家裡，大事小事，婆婆也總喜歡和我商量，在婆婆去世時，喪事也是我與公公、姐姐他們一起共同協調著辦的。

我毫不掩飾婆婆去世時我的悲痛，我需要公之於眾，我並不認為以媳婦的身分，哭得比她親生的女兒還要大聲而尷尬，其實沒有人置疑妳的真誠，了解你與她是如何相處的人都會理解，也沒有親人會在這個時候說你假心假意。生命的本質就是真實，自然流露的真情，從來不會做作和矯情。

在那個重新組合的家庭裡，因為一張結婚證書，將原來毫不相關的兩家人聯繫在一起，成為一體。身為媳婦的人，任何時候都要參與家庭裡的重大事件，給出建議，說出自己的想法。盡一己之力，做那個熱心的人，而不是在所有的事情中都呈現出一種漠不關心，要知道妳與這個家庭就是蓮藕與蓮的關係，輕扯藤蔓，一枝動，而全域性動，休戚與共，榮辱共擔。

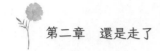

　　婆婆會在這些時候看到的，妳並不是一個可有可無的人，妳密切地在關心，妳真心地在幫助，有時，只因一件小事妳表現出來的態度，甚至妳有主見的一句話，也許都會改變妳們的婆媳關係。

　　當然我們沒有必要為迎合某些人，某些事，而將自己裝扮成另一個人。表演，不是生活。當妳去婆婆家，微笑著走進門，向他的小姑，他的父親，他的母親問好，妳真誠地走進廚房，問一句，是否需要幫忙時，只要真誠，不虛假造作，他的母親與家人，自然會看得到，想要婆婆的好臉色，首先得轉變自己，你會看到婆婆也絕不會是鐵石心腸。妳的改變，她看在眼裡，也會不自知地改變。

　　在婆婆去世後，我看了很多關於靈性成長方面的書，《遇見未知的自己》書中，作者張德芬告訴我們：「所有的人、事物都是你內在的投射，就像鏡子一樣地反映你的內在。當外界有任何東西觸動你的時候，記得，要往內看。」

　　妳希望婆婆怎麼對待妳，妳就如是地對待她。

第三章
與婆婆初次相遇

毫無準備的第一次見面

回憶的洪流要追溯到十八年前的那個春天，沒想到時間真是飛逝如雷，彷彿眨眼間，人就可以衰老。時間這個摧花手，翻雲覆雨，可以將一切弄得物是人非，婆婆已去世，我的父母也正在老去，兒子已近十歲，而我和東也已相伴走過十八年。

第一次見婆婆，是在我毫無準備的時候。

那時，我和東在同一家公司上班，公司的事業正如日中天，天天在公司門外等候著發貨的貨車，讓我們無止境地加班，日以繼夜。那時我和東戀愛不久，可很多時間都在加班，很多個週末都沒休息。

那個星期天我又加班，不上班的東也沒有回家，決定留下來陪我。

東已經有一個多月沒有回家了，那天快到中午的時候，我正和東坐在宿舍裡聊天，沒想到東的一家人竟然找到了廠裡的宿舍。我還沒做好見他家人的準備，可是一大隊人馬已經到來，他最親的家人都已到場了。他的媽媽、爸爸、大姑、姐夫，還有剛幾個月大的小外甥。我沒有慌亂無措，而是與東一起安排他們在公司門外就近的餐館吃午飯。

那頓飯有老闆拿手的芋頭燒雞，有當地非常出名的五更腸旺，還有些什麼菜已記不清楚了，東將我介紹給他的家人，似乎這頓飯成了第一次與東的家人見面的正式場合。

我特意打量了東的媽媽，如果我和東的姻緣能夠繼續，這就是我未來的婆婆：165 公分左右的個子，看上去高高的，不過非常消瘦，一陣風似乎就可以將她吹倒，有些乾枯的意味，不同於平常所說的「瘦」。她的脖子有些微微前傾，身穿一件米色開襟的棉外套，衣領處緊緊地扣著，似乎

要遮擋什麼，她整個人看起來樸素而整潔，黑色的短髮讓她看起來非常有精神，她滿臉的笑容，讓我第一直覺感覺她對我非常友善，她總是微笑著看著我，讓我非常不好意思。

當我的眼睛像一臺掃描器一樣，掃描著我未來的婆婆時，我敢斷定，她也一樣在掃描我。那天我穿著一身深紅的套裝，小小的個子，站在178公分的東的旁邊，我的頭才剛剛露出東的肩膀。

那天，我和東的媽媽沒說什麼話，不過讓我記憶非常深刻的是，當我們一群人都圍坐在圓桌前，菜上齊準備動筷子時，東的媽媽沒有坐到圓桌旁來，她坐在隔壁的小桌子上，悄悄地從包裡取出一個隨身攜帶的不鏽鋼大杯子，然後讓東去向老闆要了半杯開水，從包裡拿出兩包芝麻糊，倒在水裡，用湯匙攪拌均勻後，再從一個醫用的鋁製盒子裡取出一根直徑約8公分的人針管，針管上還連著根橡膠管。我也不知道她這些東西是做什麼用的。

只是對於她不和我們一起吃飯，我覺得奇怪，出於禮貌，我輕聲地喚東的媽媽：「阿姨，來吃飯啊。」她回頭望向我，然後用啞啞的聲音，回了我一句，而我根本沒有聽清她在說什麼。只聽這時東對我說：「我媽媽吃不了這些東西，我們自己吃吧。」

初次見面，我也不便細問情形。只是看到東的媽媽用背背對著我們，腿上鋪了一塊大毛巾，然後將杯子裡的芝麻糊用針管吸起來，然後往身體的某個部位注射了進去。那頓飯，說實話，我並沒有吃好，一來是因為初見東的家人，也不知會留下什麼印象，心裡有所忐忑；二來是因為不知道東的媽媽究竟為什麼不吃飯，她的聲音怎麼會那麼沙啞，啞到你根本聽不清她說的是什麼，她究竟得了什麼病。而這一切，東都從未向我說過。

吃完飯，東的媽媽說他們要回去了，她對東說：「這麼久沒回家，我不放心，所以過來看看，看到你們一切都好，我就放心了。你們好好上班吧，不用惦記家裡。」我注意到，東的媽媽用了「你們」，而不是只注意他的兒子，說「你」，我這個敏感的女生，突然心裡有些感動，只為她一句「你們」。

　　送走東的家人，我和他默默地走回工廠，我也沒有追問東，他媽媽的身體是怎麼回事，我覺得他如果想告訴我，自然會有告訴我的那一天。

跟著他回家

　　「妳要看好他，不要再讓他出去打架啦。有時他不動腦子，是好朋友就幫到底，萬一打到別人，或者傷到自己，那多不好。現在好啦，有妳管著他，我就放心啦！」

　　這是東的媽媽第一次和我交談時說的話，讓東一直感覺難堪至極，他想不到媽媽在第一次到家的女朋友面前，便將自己的底子都揭穿了。

　　那年的勞動節，東帶我回了他的家，也許在東的心中，這一次就是要非常正式地將我介紹給他的家人，順便也讓我真正了解他的家，那個他從小到大生活在那裡的原生家庭。

　　東與我基本上是同歲，我與他是不同學校的同屆學生，因為許多緣故，我的很多國中同學，後來也成為他的同學，我們的緣分也便是如此七彎八拐地到來的。所以我與他有著很天然的熟悉感，我們一起聊我們的同學舊事，一起聊屬於我們那個年級的話題，我們似乎有說不完的話。我最初對他有感覺，也來源於自然，這種感覺讓我非常自在舒服。

　　那個節日，他將我帶到他家，那棟 1980 年代中期修建的青磚房，而我的家當時也住在工廠裡那個 1970 年代修建的紅磚房子裡。擁有共同的成長背景，這些都讓我們無來由地親近。

　　那時的員工宿舍，都喜歡蓋在公司樓上，東的家就在他爸爸公司的樓上。底下三層是公司的辦公室，他的家就在四層，走到四樓，在一扇黃色的木門前，東熟悉地取出身上的鑰匙，開門進了屋。東的媽媽本來坐在客廳的沙發上織毛衣，看到東回家，再看到東身後的我時，非常高興地起身與我笑臉相迎，嗓子裡仍發出啞啞的聲音，我仍然聽不懂她在說些什麼。只是從她的表情中，我知道她看到我來家裡，非常高興。

　　之後，東的媽媽問我喜歡吃什麼菜，她去買。我很擔心她在菜市場那麼喧鬧的場合下，人家聽不懂她說些什麼，便自告奮勇地對東說：「我們和阿姨一起去買菜吧。」於是，我們三人一起去了菜市場，東的媽媽總是照顧我的喜好，買什麼菜之前都先問問我，這個能吃得習慣嗎？喜歡吃什麼？這樣的小細節讓我覺得溫暖，能感覺到東的媽媽總是在替他人著想。我不由得對這位母親又多看了幾眼，儘管我們對彼此一無所知，可是從那時起，我就覺得我和眼前這個曾經和我毫無關聯的人，沒有了距離和隔閡。那是一種很奇怪的感覺，好似一種天生的熟悉，儘管我與她之間甚至還沒有過真正的交談。

　　回家的路，有一段上坡，東提著菜，他的媽媽在我們後邊喘著粗氣跟著。這時，我注意到東的媽媽扣得很嚴實的襯衫領裡露出了個金屬物品，好像插在喉嚨裡。這讓我知道她一定患有很嚴重的病，她跟在我們後面走幾步歇一步的，喉嚨裡發出像拉風琴似的聲音，我再次確認那是她在喘著粗氣。於是，我倒回去，走到她身邊，對她說：「阿姨，您休息一下再走吧。」阿姨望著我只是笑，用手撫著那個金屬物品的小孔，又發出類似咳

痰的聲音，然後用手帕在金屬物品上擦了擦。「就是走上坡有點累，沒什麼。」她要我別擔心。

　　站在她身旁的我，終於看清楚她的脖子上咽喉部位插著一個有孔的金屬物品，我確實不知東的媽媽患有什麼樣的疾病，讓她在布滿大動脈血管的脖子上切開了這樣的一道傷口，而且戴著這樣一個冰冷的金屬物品。我不知道，是不是那個金屬物品影響她的聲帶，讓她的聲音如此沙啞，甚至不僅僅是沙啞，而是如同聾啞人發出的命懸一線的微弱的聲音，如果旁人不知道，或者不仔細聽她在說些什麼，會以為她是個聾啞人。我真擔心她獨自上菜市場的時候，人家怎麼聽得懂她在說什麼？她的生活裡有多少的不便？她究竟是怎麼啦？

　　從那時起，我對東的媽媽更多了一層憐愛，我對眼前這個受著病痛折磨的女人，絲毫沒有厭惡，也沒有覺得麻煩，我只覺得我就是這個家的家裡人，只需要平等對待她就好了。

　　回到家，東的媽媽開始做午飯。那時的我很年輕，根本不會做飯，在家都是嬌生慣養的獨生女，十幾年求學期間，根本沒有機會學做飯，而在我那生怕我吃苦受累，對一切一手包的媽媽家裡，什麼時候都輪不到我做飯。於是和東認識時，我除了會做最簡單的炒空心菜，其餘炒肉燉肉之類的，一律不會。

　　最記得後來有一次，我燉一鍋全雞湯，竟然連雞肚子裡的東西都不去掉，直接把一隻刮了毛的雞丟進水裡，頗有架勢地熬起來。等到東回來，才發現真的是一隻「整雞」在鍋裡，東哭笑不得，看著這五味雜陳的雞湯，也只能把燉得半軟的雞再次抓出來，將肚子裡的內臟、糞便等都掏出來，再洗乾淨，又丟進去燉。

　　我當時真的沒有任何生活常識，就如那個不知雞蛋還有殼的孩子一樣，從來沒有見過父母燉雞，將雞肚裡清潔乾淨，只見過成品雞，至於製作的過程，真的全然不知。我也從沒有想到一隻雞的肚子裡，還有如此多的內容。那天的那鍋湯味道可是相當「鮮美」啊！後來，每當東再發現我生活常識缺乏時，總拿這件令他哭笑不得的事取笑我，弄得我很不好意思。

　　第一次去東家，對於做家務事，我當然是原形畢露。我確實不會做菜，也沒想著要裝作能幹地衝鋒陷陣開伙，裝模作樣弄出一桌好菜來，那天我是相當有自知之明的，也不願意豬八戒照鏡了，弄得裡外不是人。是什麼樣，就是什麼樣啦，將本色的我交給東的媽媽，任由她評判啦，倒是抱著這樣無所謂的心態，讓我還是跟著東的媽媽進了廚房。

　　雖然當時什麼都不會做，但是，連如何處理空心菜都不知怎麼下手的我，還是決定無論如何都要在廚房裡待著，幫她剝剝蒜，切切蔥什麼的。我不會，但至少有學的意願，我的態度是端正的。所以就在廚房裡問這問那的，拜師學藝起來，儘管沒有實際操作，但對炒菜的過程略知一二了。以前在家裡的確難得進一回廚房，都是爸媽做好了飯叫我吃，這次輪到在別人家，總不能也等在餐桌前，坐等現成啊。

　　也許是我的誠懇打動了東的媽媽，也許東的媽媽對我這個獨生女也是體諒有加，所以，她從來沒有因為我不會做家事，對我有過半點埋怨。我沒想到東的媽媽的身體如此不好，卻能一直堅持在廚房裡做事，看著她在砧板上熟練地切菜，再不時地用鍋鏟在鐵鍋裡翻炒幾下，似乎沒過多久時間，紅燒魚、回鍋肉、粉蒸肉、乾煸四季豆、番茄丸子湯就新鮮出爐了。

　　午飯時，東的媽媽仍然沒有上桌，只是在飯桌旁的一個小桌子上又擺

開了她的東西。這次，她沒有避諱我。將煮的骨頭湯舀進上次那個大杯子裡，然後倒進白色的像米麵一樣的東西，用勺子在杯子裡攪勻。瞬間，骨頭湯被攪拌成了糊狀的米湯，她用勺子尖沾上一點點糊嘗了嘗味道，然後吐出一口在痰盂裡。隨後，再從那個鋁製的醫用盒裡拿出上次我看到的那個插著一截橡皮管的大針管。

最讓我吃驚的一幕發生了，她撩開了自己的上衣，將衣角的一半撩在胳肢窩下夾著，另一隻手解開左肚子下方連接的一根橡皮管上的橡皮筋。這時我才發現，她的胃上面開了一個孔，上面也套著一個金屬物品，接著一根橡皮管。然後她將針管伸進大杯子裡，將管筒用力往上一拉，針管裡便灌了半罐米糊，隨後，她將針管上的那個橡皮管往胃孔上的橡皮管裡一插，慢慢地像推注射液一樣，緩緩地將米糊打進胃裡。

儘管我的心裡早已十分震驚，可是我對看到的這一幕並沒有做出特別驚訝和奇怪的表情，仍然若無其事地吃著飯，一邊和東的爸爸時不時地聊幾句，東的媽媽偶爾也要插話進來，感覺她是一個喜歡說話的人，可就是她的聲音我始終聽不太清楚。

午飯後，和東的媽媽一起聊天，多半要東來翻譯。因為我實在沒有適應她說話的方式。在說話的間隙，她時不時地往床邊的一個痰盂裡吐痰。痰盂裡裝著水，上面浮著一些白色的泡沫。痰盂就放在她的旁邊，她總是說一會兒話，就按著脖子上那個金屬物品咳嗽兩聲，然後吐痰。感覺她說話非常吃力，可是她似乎沒有感覺累，非常樂意和我聊天。

沒想到東的媽媽第一次和我交談，竟然就將兒子坦蕩蕩地交給了我。對我歷數兒子少年時期的不懂事，說他如何血氣方剛，喜歡幫兄弟的忙，有時也不知好歹地要去幫人打架，不計後果的，讓我以後要好好管著他，

讓他不要再出去打架了。我笑呵呵地望著東，東非常無奈地看著自己的媽媽，事後非常不好意思地跟我說，沒想到媽媽會讓第一次到家來的女朋友管著他不要出去打架，他沒想到母親這麼不給他面子，要另一個女人管著自己的兒子。

我想，我和婆婆之所以能有後來融洽的婆媳關係，最初的默契便是源於信任。婆婆第一次正式與我見面，就宛如把東交付於我一樣，和我說著內心話。

我們第一次見面，沒有做作，沒有過於客套地禮尚往來，也沒有小心應對，一切就是自自然然地，在我叫第一聲「阿姨」，她叫我第一聲「花兒」時，我們之間就像認識了很多年的熟人一樣，不過是再次相逢的熟絡，沒有那麼多暗度陳倉，沒有那麼多處心積慮，沒有各自希望的準確立場，彷彿就自自然然地站到了自己的位子上，不需要解釋，不需要傾訴，就自然地結成了聯盟。也許，這就是我與婆婆之間的眼緣吧。

我們彼此就是對方理想中的那個樣子，我們對彼此都很滿意。

做聽話的準媳婦

「花兒，妳喜歡這個顏色嗎？我織件毛線背心給妳。」

「好的，阿姨。」

「妳喜歡什麼款式，回家我找毛衣書給妳看，你自己來選。」

「好。」

第二天，東的媽媽體貼地說，你們年輕人，哪能老是待在家呢？於是

讓我和東跟著她去附近的鎮上玩。其實去了才知道，原來她想給我一個見面禮。她非常樸素地想到要送我一件她親手織的毛線背心，於是，她帶著我和東去小鎮選毛線。

1990 年代中期，東那樣的家庭，要給未來媳婦的見面禮，並不是金銀首飾，而只是一件暖心的手工背心。而我也從不喜歡穿金戴銀，不喜歡叮叮噹噹，將自己打扮得像個少婦。在我年輕的心裡，樸素本身就充滿著魅力，而那些黃色的金屬，當時在我心裡就是暴發戶顯擺的工具，太過庸俗。所以也是我這樣的人，遇上東這樣的家庭，才能如此全然地接受。因為，我打從心裡就喜歡天然的舒服和自然，而東的家人，給我的第一印象便是如此。

東的媽媽說不知我喜歡什麼顏色，所以要我親自去選。在毛線店裡，她為我選了一種粉色的毛線，拿在手上，問我是否喜歡，她說她覺得好看。在東的媽媽那裡，我依然是個小女孩，她以為像我這樣的小女孩一定喜歡顏色鮮豔的東西，誰料那兩年，正是因為年輕，剛進入社會參加工作，卻偏想用成熟的裝束來裝扮自己。那些年，我的著裝多半都是黑灰二色，沒料想東的媽媽為我選擇這麼豔的毛線。

可是那天，我也沒有背棄她的好意，我順應著，贊同地說：「好。」於是，東的媽媽高高興興地挑選了線，說回家讓我再好好地選選編織書上的圖案，要替我打一件好看的背心。看著東的媽媽如此高興，我竟然也覺得很開心。

我其實從來沒有想過要刻意地討好未來的婆婆，我是覺得「孝心從順」。而我與她之間似乎從第一次見面，就沒有距離，甚至沒有客套和寒暄，兩個女人自自然然地就開始說說笑笑地談論那個我們都很熟悉的男人。

東的媽媽說起東小時候倔強得像頭牛，我說東現在工作時依然很倔強，有時也仍然不肯向現實低頭。兩個女人，說起共同愛著的那個男人的過去和現在，津津有味，而那個男人，卻和我們這兩個私語的女人，保持距離，提著剛買的毛線，跟在後頭。他的確不清楚，我和他的媽媽怎麼會在這麼短的時間找到共同的話題。那一天，我已不需要東這個翻譯，已經能完全聽懂東的媽媽那沙啞的話語了。

　　時不時，我會轉過身去看看他，他對我擠眉弄眼的，我也給他一個傻呼呼的憨笑，然後又和東的媽媽並肩走在前面。不過，和東的媽媽之間依然有適當的距離，不會親密到如同和自己媽媽一樣挽著手臂走，可是即使如此，我依然能感覺到我們兩人之間那種說不出來的默契。

　　在回家的路上摘了些芭蕉葉，東的媽媽說，晚點用這個墊在糯米丸子底下，這樣做出來的丸子就會有芭蕉葉的清香。而我也興奮地想知道糯米丸子怎麼做，印象中似乎在家裡，媽媽沒做給我吃過。

　　一回到家，東的媽媽一邊慢慢地將泡了一下午的糯米放在蒸鍋上蒸煮，一邊將煮好的臘肉切細剁碎。當時的我，在娘家幾乎從來沒做過任何家事，更別說自己動手做什麼手工丸子了。可是那天，我卻饒有興趣地在旁邊看東的媽媽做糯米丸子。

　　看見她準備切臘肉了，我自告奮勇地說：「阿姨，讓我來剁吧。這個我還行。」婆婆當時也並沒有把我當客人，我們之間好像就是熟人一樣，從來沒有過多的客氣，她在不了解我真實水準的情況下，也放心地將手中的菜刀移到我的手上。哈哈，我幾乎是以小孩玩過家家的好奇投入火熱的剁肉中，先將臘肉切成細條，然後再切得更小，直至切切切，剁剁剁，將臘肉弄成肉粒肉末。

臘肉剁碎之後，我繼續站在旁邊看東的媽媽如何將這些散碎的糯米捏成丸子。雖然我對廚房之事一無所知，可是我卻在旁邊看得津津有味。看她把臘肉碎末倒在蒸得軟軟的糯米粒裡，再把切碎的生薑、蔥，還有攪勻的蛋清加了進去，放上鹽和糖再慢慢地攪勻，再加了少量的醬油，讓一顆顆糯米都裹成鮮亮的棗紅色。一切準備就緒後，這才開始捏丸子。

　　我先是站在一邊旁觀，開始是注意她如何捏成一個丸子，後來慢慢將注意力轉移到她的手上。那是一雙經絡突兀的手，在手背處有些地方因為吊點滴或其他原因，留下些青色或是黑色的印跡。總之看著她那雙並不好看的手，肯定沒有經過保養的手，我竟生出許多憐愛和疼痛之心。

　　這個女人曾經用這雙手拖過多少遍地，洗過多少件家人的衣服；這個女人曾經用這雙手為東，為這個家做過多少頓可口的飯菜；這個女人，曾經在丈夫長期不在身邊的時候，用這雙手提過多少次米，挑過多少次煤，為孩子的家庭作業簽字，為兒女縫製衣服，一個女人的一雙手足以撐起一個家。那天的那個時刻，我為自己身為女人而突然感到責任重大。一個普通的女人，卻要擔負起一個家的命運，是這樣嗎？在我二十一歲的小腦袋裡，這個問題是想不明白的。而東的母親，成了我日後生活的典範。

　　我也想，如果東和我一起生活，我又怎樣用我的雙手去和他一起共建「廚房事業」，一起共創一個溫馨的家園？下意識地，我看了看自己的手，那是一雙有著嬰兒肥的手，白皙細滑的皮膚，手指攤開，掌心裡沒有一塊老繭，年輕氣盛的血液豐沛地在手掌中流過，紅潤的掌心裡悠遊著並不深刻的掌紋。手指胖胖圓圓的，手掌伸展開來時，可以看到手背上的點點窩窩。

　　每個拿起我的手看過的人，都說這雙胖嘟嘟的手是有福之人的手。因

為年輕，看不出任何生活的經歷，看不到任何因為做家事留下的印跡，沒有一處刀口，沒有一處疤痕，沒有一處與其他皮膚不同的顏色。總之，這雙手就如剛出爐的鬆軟麵包一樣，摸起來軟呼呼的，帶著合適的溫度，也帶著嬰孩般的拙樸和不經世事。可是在這一番比較之後，我突然意識到，也許以後這雙手會如同此刻看到的東的媽媽的手一樣，有滄桑，有印跡，卻也可以有力地扶起整個家。

看東的媽媽捏著丸子，我已是浮想連篇，可是對於我這個手藝極差的人來說，也不便去幫忙。於是，我只有在旁邊看著東和他的媽媽一起捏丸子，我袖手旁觀，這幅如畫的場景讓我倍感溫馨。我從東的媽媽臉上看出不易察覺的微笑。此時，夕陽正好經過廚房，一抹略帶著橙黃的，卻又如火曲般的光芒掃過東的媽媽的臉，我更加確定，他媽媽臉上的確帶有微笑，不是張揚誇張的笑，而是發自內心的一種安寧，對現實滿足的微笑。

我也跟著傻笑起來，傻傻地想如果以後我做糯米丸子時，旁邊站著那麼高大的兒子，兒子的女朋友就站在跟前，我也會一樣發出這樣的微笑的。這樣想起來，不禁有些不好意思起來，這才八字沒有一撇，卻想到哪裡去了呀？

後來，我還是按捺不住，看他們做得如此熱鬧，便顧不得自己做得好不好，也開始上陣練兵了。我學著東的媽媽的樣子，抓一團大小合適的米粒，然後像小孩捏泥巴一樣，在手心裡捏了起來，看著混有臘肉香、花椒麻、醬油鮮的各種佐料的丸子在我的手心裡滾來滾去，心情竟然歡暢無比。

我們有說有笑地做著糯米丸子，東的媽媽還非常細緻地跟我說：「這個要在手裡輕輕地揉，不要用力過猛，否則丸子容易散開。」我一直都認

為手藝的東西，比生產線上下架的產品多些溫情。東的媽媽揉搓過的糯米，帶著手的溫度，以及綿柔的力道，這讓我在吃糯米丸子時，不僅吃進了芭蕉葉的清香、臘肉的馨香、蒸格的木質氣息，還一併品嘗到了東的媽媽的愛心、耐心以及溫柔的力量。

丸子蒸好了，其他菜也一併上桌，又是我和東、東的爸爸一起坐在桌前吃飯，東的媽媽依然坐在下面的一個小桌前注射她的湯。我用筷子夾了一個丸子放在碗裡，慢慢地咬下一口，從丸子裡奔跑出來的臘肉香氣混合著芭蕉葉的清香，一併刺激著味蕾。我慢慢地放在嘴裡細細地咀嚼，一小口一小口地，甚至有一段時間，我還是閉著眼在好好享受。「真好吃，阿姨。今天多吃幾個丸子，就可以不吃飯了。」我笑著轉過身對東的媽媽說。

「好吃，妳就多吃點，喜歡就好。」東的媽媽依然用沙啞的聲音對我說。我已經能夠完全聽懂她在對我說什麼了。看著她滿臉的微笑，我也情不自禁地笑起來。從她臉上的笑容，我知道，我這個準媳婦，她是喜歡的。

所以，第一口嘗到東的媽媽自製的丸子時，我覺得吃到的不僅僅是食物，還有婆婆的心意。儘管她一點都嘗不到丸子的味道，可是她放得恰到好處的鹽，恰到好處的味道，都讓我這個第一次在家吃到糯米丸子的人吃得心滿意足。她一邊盛湯，一邊不住地看我吃丸子的模樣，竟也看得津津有味。而我一邊吃，一邊稱讚：真好吃。那也的確是毫不誇張的肺腑之言。

我想正是我煞有其事地跟著東的媽媽學做菜，才讓她對我多了些了解，也讓她對我這「好學」的女孩產生好感吧。所謂，不怕你笨，就怕你不學飛。我好歹躍躍欲試地想要起飛，雖然翅膀生得有些短小，甚至有些

先天不足，不過依然努力地做著起飛前的助跑動作，這也讓東的媽媽成了我這支「潛力股」的廚房領航員。

雖然我在娘家什麼都用不著做，但我從來不認為做廚房之事是貶低自己的一件事，也從來不認為家事需要男女分工。事實上，我與東在婚後生活中，從未因為家事起過爭端，廚房陣地，也一直是我喜歡的地方。我曾經寫下，「在廚房裡，女人沒有虛度的光陰」，這樣自認為經典的句子。

也許，現代的女人會把更多的時間留給自己感興趣的東西，讓自己在有限的時間裡，從外界不斷吸收有用有價值的東西，所以她們不喜歡做家事，也沒有耐心和時間為家人做一頓晚飯，也許她們的人生只與宏大的理想和目標掛鉤。

而我和婆婆，都認為自己僅僅是一名平凡的女性，我們享受每一次下廚，認真對待每位親人的胃，在那些瑣碎、曼妙，最不易被人惦記的每一個平常日子裡，在鍋碗瓢盆交響曲裡聽到了於庸常日子裡呈現出的美麗樂聲。

之後的許多年，我們共守廚房陣地，在家庭聚會時，婆媳共同奮鬥為一家人做出許多可口佳餚。她從不認為我是懶媳婦，我們也沒有為家事而起過爭執，當然，我們在十年的婆媳生活中，也從來沒有因為任何事在人前起過爭執，也沒有在背地裡埋怨過對方一句。所以，本書注定沒有太熱鬧，或太糾結的內容在裡面，注定平實，看似無趣，可是這就是生活。

在那第一次跟東回家後，我要回自己家時，東的媽媽關心地問我，你們的事有沒有告訴你的父母？我搖搖頭。東的媽媽提醒道：「還是得儘快讓家裡人知道，如果你父母不同意，怎麼辦？」

我記得那次我回去之後，寫了一封信給東的家人，大致內容是請公公

原諒東以前的不懂事，我們以後會加倍地孝順他們兩位老人家，我們會盡可能地多回家。後來結婚之後，我才從大伯父口中知道，公公把那封信是看了又看，大伯父來家裡時，還拿出來給他們看，說東的女朋友多懂事，有她和東在一起，他們也放心了。

婆婆從第一次見我，便對我喜愛有加，更是由衷地對我好。以至後來在十年的婚姻旅途中，當我們兩個女人越了解對方，這種好便更是順其自然地以最真實的姿態出現在日常生活中。

美好婆媳關係相處之道三：與婆婆結為盟友

我始終相信孝心從順。在我最初與婆婆建立感情之時，便是順從。也許很多人會說「我就是這直來直往的個性，絲毫不會宛轉，婆婆媽於我就是因為一個男人而連繫在一起的人，我沒有必要去討好她。我只要對自家男人好就行了，而與他相關的人，只與我有著間接的關係，我只能以對普通人的態度對待她。」可是未曾想，這個與妳雖然看似只有間接連繫的人，卻是那個妳愛著的男人生命中重之又重的人。

身邊的這個男人，曾經也是陌路，沒有絲毫關係，因為愛而和他建立親密的關係，而他的媽媽於他也是從小到大最重要的人。在你之前，這個女人，她參與了妳愛的人從懷胎十月到二十幾歲的全部過程，她參與他的出世，他的牙牙學語，他最重要的畢業典禮，甚至他每一次打架回來為他擦乾血跡。她曾在雷雨天抱著他瑟瑟發抖的肩膀告訴他有媽媽在，不用害怕；她曾在他生病的時候摟著他，日夜守護，祈禱老天讓他快點好起來；她曾在他考試失利的時候告訴他，媽媽相信你是個出色的孩子。她把自信、把人性的光輝、把人生觀、世界觀都鋪陳在兒子面前，而這一切的記

憶裡都沒有妳。

她參與了他認識妳之前的所有生命歷程。而妳認識他，了解他，愛他，不過只有幾個月，幾年，這一切如果用時間計算，妳的情感不過就輕漂得如同浮萍，怎麼能敵得過母愛厚重如山的摯愛深情，更何況還有那濃於水的親情在血液裡面流淌。如果那個男人執意「參戰」，你是永遠也敵不過妳的婆婆的。可是為什麼一定要去敵對呢？

那些要去問老公「當我掉進水裡，你是先救媽媽，還是先救我」的女子，實在是傻得可以，這個世界上這個問題根本就是統一答案，媽只有一個。結果不言自明。

曾經耳鬢廝磨的人，現在他長大成人，本來對於媽媽就有一種失落感，如果這個時候，你還讓她感覺到妳是在和她搶兒子，讓她覺得兒子因為有了妳而不再在乎她的話，那她自然就會變成一個看似無理取鬧的人，總是和妳過不去。總是妳說東，她則必定支持西。對著做，反著說，直至讓妳焦頭爛額，除了向那個男人去訴苦，妳無計可施。

對於剛和婆婆見面的媳婦來說，顧及和照顧婆婆的情緒，毫無敵意的，讓她感覺妳不會和她分攤兒子的愛，而是會和兒子一起更加孝順她，僅此而已，她的地位牢不可破，妳只是她的盟友，多一個人愛她兒子的盟友，和她建立統一戰線，和她一起愛那個妳們共同愛著的那個人。如果是這樣的一個人來，對於母親大人來說，自然會高興都來不及，又怎會處處為難妳。

與婆婆結為盟友，尊重她，就像尊重妳自己一樣，讓愛成為你們生活的主題，當彼此都懷著一顆感恩的心，那婆媳之間的較量將永無戰場。

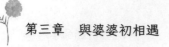

第三章　與婆婆初相遇

第四章
婆婆身體的真相

勇敢的女人，為自己接生

「就在那天，她一個人生下我，勇敢地為我剪下臍帶，她成功地為自己接生……我就是在沒有人迎接的時候，以如此的方式來到這個世界，我是沒有爸爸陪伴就擅自出來的小孩。也許，從媽媽溫暖子宮裡脫離出來的我，根本就不想出來，因為那裡是個太過溫暖的地方，而來到這個世界上，除了媽媽，並沒有人歡迎我，當然也包括我遠在千里之外的父親。」

跟著東回了他家之後，東對我更加刮目相看。在此之前，一向沉默的東並沒有對我講很多關於他家裡的事情，在回去的路上，東一直緊緊地握著我的手，好像怕我走丟似的。

東和我像往常一樣上班、下班。下班後，我們總是去離公司很近的公園裡散步。那時候，我們薪水加起來還不足 20,000 元，所以我們總是去不花錢的地方談戀愛。電影沒看過幾場，因為太貴。我們總是在下班後，手牽著手從公園的後門溜進去，傍晚時分，後門無人看守了，我們就那樣牽著手一溜煙地從公園後門的斜坡跑下去。年輕似風，我們像風一樣自由，無拘無束，時常在公園的草坪上，或是公園的長條椅上一坐就到很晚。

如張艾嘉的電影《心動》裡所說，戀愛中的人總是有不計其數的廢話要講。可是對於戀愛初期的人們來說，談話交流是他們最初了解的過程，所以那時的對話相對更為重要。相互之間對彼此的童年、彼此的家人、彼此成長的環境，一無所如，因此說起話來也總是滔滔不絕。東一向是聽我說，直到我去他家見了他的父母，這種情況似乎才有所改觀。

我清楚地記得，那個夜晚，我們並肩坐在公園的長條椅上，東唱歌給

我聽，唱楊慶煌的《最後的輝煌》，唱王傑的《娃娃》，都是些憂傷的歌。我借著月光看著眼前這個男人，這個有著高大身形，卻唱著如此悽楚之歌的男人，他的背後一定有許多的故事。

那天，東將我的手緊緊拉住，對我說：「花兒，妳知不知道，我很感激妳。」我疑惑地搖了搖頭。他繼續說：「當我看到妳對我媽媽的態度，你看到她最真實的樣子，卻沒有絲毫的厭惡或不耐煩的表情時，我真的很感激。而我媽媽也很奇怪，竟然在我第一次將妳帶回家時，就讓妳管著我，也足見她對妳的信任與喜歡也非比尋常。」

我笑了，我知道東也許要對我講一個很長的故事，關於他的童年，關於他的家庭，當然也會關乎他的媽媽。的確如此，東在那夜說了我認識他以來最多的話，他幾乎在一夜之間橫渡了自己小時候所有的光陰：

「我的爸爸曾經是名軍人，和我媽媽結婚的時候，他就已經是軍人了。做軍眷，是一件很辛苦的事情，意味著她的丈夫在一年之中有 11 個月都不在她身旁，甚至有臨時任務時，一年都見不上一面。正常的情況，他們在一年之中，爸爸只有短短 20 天的省親假回家一次，或是媽媽利用 20 天的省親假去看爸爸。只有這短短的 20 天，他們才能真正地待在一起。而其他時間，媽媽都只能一個人度過。對於爸爸來說，也許還會好一些，因為部隊上有很多他的戰友、朋友，過著集體生活，衣食無憂，而媽媽則是一個人在工廠裡上班，任何勞力工作都沒有男人幫她做，只有依靠自己。

對媽媽，我有很深的感情，大概是從我出生起就一直在媽媽身邊的緣故。

媽媽是在家裡生下我的。媽媽開始陣痛時，家裡一個人也沒有，外婆

來照顧媽媽，可是不湊巧，也正好出去了。當時家裡也沒有電話，沒有任何通訊方式可以通知她的親人。於是作為一個母親，她勇敢地躺在床上，堅強地忍受著一陣陣陣痛。可以想像，媽媽當時是多麼辛苦和孤獨，身邊沒有一個親人，沒有一個人可以握著她的手告訴她：堅強點，妳會生下一個健康的寶寶。也沒有一個人可以任由她用力拉著他的手臂，和她一起分擔她的痛苦。於是，媽媽在感覺我很快會來到這個世界時，自己在家裡找到一把剪刀，準備自己為自己接生。

的確，就在那天，她一個人生下我，勇敢地為我剪下臍帶，她成功地為自己接生，將我抱在懷裡。這時候，外婆也從外面回來了，她驚訝地見到了自己的外孫，於是開始燒熱水，為我洗澡。我就是在沒人迎接的時候，以如此的方式來到這個世界，我是沒有爸爸陪伴就擅自出來的小孩。也許，從媽媽溫暖子宮裡脫離出來的我，根本就不想出來，因為那裡是個太過溫暖的地方，而來到這個世界上，除了媽媽，並沒有人歡迎我，當然也包括我遠在千里之外的父親。

爸爸，這個稱呼，在我幼年的時候是個陌生的稱呼。我不像其他小孩子一樣有個可以和我瘋玩，在我調皮時要揍我的爸爸。爸爸一直是個離我非常遙遠的人，連我的出生都似乎與他沒有多大的關係，他是在幾天後，媽媽寫信告訴他，他才知道有了我這個兒子。

之後，媽媽一直一個人帶著我，包括上班。在我五歲的時候，媽媽已經檢查出來患有甲狀腺癌，於是媽媽被調換到工作輕鬆的通訊部門，不過需要時常上夜班。在我沒上托兒所之前，媽媽一直帶著我，上夜班也帶著我。我童年的時光，幾乎就是與媽媽朝夕相處，她既是我的母親，也是我的玩伴。

以至後來，我長大之後離開家，最放不開的也是媽媽。當時，因為媽媽顧不了兩個孩子，姊姊被送到外婆家了，而我一直在媽媽身邊，陪伴著媽媽，我們母子在那些日子總有種相依為命的感覺。」

我一直能夠覺察到束對媽媽的那份細心，與媽媽曾經有過的那種相依為命的憐愛、體貼，在童年歲月與母親不離左右的情感，讓束在成年之後對媽媽也有天生的衛護感。而慶幸的是，我是能融於母子之間的那個媳婦。束是如此愛自己的母親，其實每個男子的最初，在生命中扮演最重要角色的一定是母親，所以總是有千年不敗的話題──「婆媳之爭」。

可以想像，在束的心中，媽媽占有何等重要的地位：母親幾乎就是他童年的全部依靠，還是那個能給他帶來溫暖、食宿、安全的那個人，家裡長期沒有父親，媽媽也擔當著父親的職責，媽媽自小對束嚴加管教，家教甚嚴，媽媽並不因為與兒子相依為命，便處處溺愛兒子，將兒子養成一個懦弱膽小的人。媽媽給了束一個完整的家，一個讓他感到安全的地方。

而媽媽對於束的愛更是無法估量，這個自己親手接生的孩子，與自己臍血相連的兒子，幼年時期的整日陪伴、照顧，都讓母親對這個孩子傾注了無盡的憐愛和關注。及至母親患病，這未成年的兒子也成為她最深的牽掛和不捨。

束繼續跟我說，媽媽患病以後的事情：

「因為媽媽得了重病，爸爸才轉行回家。這個有著軍人作風的男人，回到家，也許他很不習慣家裡的吵鬧，孩子的哭泣，鍋碗瓢盆交響曲，因為在部隊裡，除了軍事化的訓練，後勤總是極有保障。而他回到家裡反而感到局促不安。家裡太多常態性的瑣事讓他覺得煩悶。他被分配到當地的派出所工作，每天除了悶頭工作，回到家裡也沒有什麼笑臉，一臉嚴肅的

樣子，讓我頗為反感。也許是在我童年的時候，他嚴重缺失的原因，對爸爸，我一直沒有什麼好感。而他看我，似乎也總是很不順眼。

在家裡，他像軍人一樣要求我和姊姊，我們從他那裡得到的資訊就是一切行動聽指揮，言聽計從就是好孩子。而我，天生就不是一個特別聽話的孩子，而父親的要求對我來說，就像是你踮著腳尖卻怎麼也夠不著的果子，不管你怎麼努力，都只是徒勞。所以那時我對爸爸的那些要求，總是惱怒地壓在心底，直至我再長大一些，進入叛逆期時，一併爆發出來，這也一直影響著我和爸爸的關係，讓我們父子關係一直都很不好。

1981 年，媽媽再次突然發病，氣管嚴重縮小，呼吸困難，我們家離醫院又很遠，當我們到醫院時，醫生說媽媽的氣管已縮小到只有針尖那麼小了，如果再晚來一步，媽媽就有生命危險了。當時，只有 8 歲的我，看著媽媽不能呼吸，被一口氣憋著，漲得青紫的臉，難過極了，雖然當時我年紀還小，可是我知道如果媽媽去世對我來說意味著什麼，儘管我當時像個小男子漢一樣，沒有掉一滴眼淚，其實我的心裡已經亂成一團了，我在心底不停地為媽媽祈禱，祈禱媽媽快點好起來，祈禱媽媽躲過這一劫。醫生馬上給媽媽做了氣管切開手術，在氣管上開了個口，用一根金屬管子插在媽媽的氣管上，用這種物理的方式，人為地將她的氣管撐開、撐大，媽媽這才喘過氣來。媽媽的生命這才得以保住。

可是媽媽一直患有甲狀腺癌，儘管檢查出來時是早期癌症，而且甲狀腺癌在所有的癌症中也不算嚴重，可是畢竟也是身體裡面不好的訊號，如果稍加不注意，也會威脅到她的生命。第一次癌症復發時，媽媽在醫院做了化療，癌症得以控制。

媽媽從醫院回家那天，我高興極了。看見一向沉默寡言的爸爸臉上也

有了笑容，一家人在一起高高興興地吃了一頓飯。那是很久以來，媽媽沒有回家時，家裡基本上沒有的氣氛。我才知道，其實並不是我一個人疼愛著媽媽，爸爸、姊姊，其實都離不開媽媽。當時，我就在心底暗暗祝福媽媽，祝福我的媽媽能夠長命百歲，我能夠看著媽媽的臉長大。那是兒時的我唯一的心願。」

聽到這裡，我的眼裡泛起了淚，東的童年有過這麼多的波折。相比之下，我便是在糖罐裡長大。身為獨生子女的我，雖然爸媽上班，沒有時間照顧我，可是在外公外婆家的我，一直都享受著溫暖和愛。生活在一起的舅舅、舅媽一直都很疼我；外公教我讀書寫字，教我啟蒙看書，教我如何將字寫得方正規矩；外婆照顧我的衣食，將我打扮得像小公主一樣可愛。上二年級時，我大聲地對外公宣布，不再讓外公送我上學，因為其他小朋友因為我上小學還要人送，都不選我當模範生。後來，外公接受我的建議「不再送我」，其實他一直遠遠地跟著我，看著我進校門，才放心地離開。我的童年被照顧得很精緻，被全家人的愛圍繞著，從未嘗過生活的艱辛。所有人都將我捧在手心裡奉為至寶，無微不至地關懷。

而東的童年，更多地擔起了生活的重擔。清晨，他要起來買早飯，去工廠裡裝開水。放學後要和大姑一起抬媒球，做些力所能及的家事。那時，我的心裡升騰起一種柔軟的情愫，希望能和他一起去看看那幸福的彼岸。

年輕的我，非常單純，因為自己是蜜糖罐裡長大的孩子，所以我總是想用自己蜜糖的身分去包裹他，黏得他身上黏糊糊的，讓他也黏些蜜糖的味道，在以後的日子裡可以漸漸地品出蜜來。

讓媽媽旁觀我們的生活就好

「我為媽媽點了一盞七星燈祈福，然後我坐在湖旁的一塊大石頭上，撿了些野花丟進湖中，一邊丟，一邊為媽媽祈禱，希望媽媽能夠活過來。當時的我還不到 20 歲，而媽媽也是我的依靠，我只希望媽媽可以多活一些年歲，能陪著我和姊姊，再過一陣子。我們的生命，僅僅是有媽媽在一邊旁觀就好。」

「媽媽的身體一直很差，在四十歲那年，她就因病退休了，拿著很少的薪水。不過，媽媽卻用她和爸爸微薄的薪水，把一家人的生活打理得井井有條。每天我放學回來，看見媽媽坐在那裡，我就覺得心安。有媽媽在的地方就是家，當時我就是這樣想的。

而我和爸爸的關係一直很糟糕，姊姊出嫁後，家裡只剩下爸爸、媽媽和我，而不知為什麼，我們父子有段時間竟然到了水火不相容的地步。他對我頗看不慣，而我對他教育我的方式也頗為反感。那段日子，我們父子甚至各自做飯吃，就是同進一個屋門，也沒有一句話可說，這樣惡劣的父子關係，更是難為了媽媽。媽媽在我們父子之間周旋，從中調劑，她也希望看到我們父子能夠和和睦睦地坐在一起吃頓飯，能夠樂融融地坐在一起促膝長談，可是不知為什麼，我們父子間根本無法交流，更談不上溝通，甚至都不能好好說幾句話。」

後來，我在結婚多年後看到王海鴒寫的軍營小說《成長》時，對照著書中的主人公彭飛與他軍人父親的關係，我覺得像極了東和他的父親。對於父與子，書中有句話妙極了：「他不曾孕育，他跟孩子相處太少，他做了父親卻並不懂得孩子。」看了這本書，我才知，也許有軍人的家庭，母

親在這個家庭裡的位置是何等重要，她參與了孩子成人前的所有過程：孕育孩子自不用說，她親耳聽見兒子的第一聲啼哭，她在孩子生病時總是徹夜照顧，她親自處理孩子的第一次夢遺，她去參加他的每一次家長會，她親眼所見孩子與別的孩子像個男人一樣打架，她親歷他每一階段的畢業典禮……母親與孩子一起進行過對話、交流，甚至角力、交鋒、鬥智鬥勇，而在這個男孩子每一個最重要的時刻，他們作為軍人的父親在哪裡？

男孩子們的人生，似乎不曾有過父親的參與，而在青春期來臨時，這個男人像一個多餘的人一樣突然轉行回到家裡，突兀地對這個已經成長為小男子漢的人指手畫腳，管東管西，小男子漢當然是不會服氣的，於是爭吵，互不相讓，軍人作風的強硬，孩子的執拗，就像兩把強拉的弓，都箭在弦上，一觸即發。

「所以我與我爸的關係一直不好，我總想著畢業就要離開那個家。所以 1992 年，我辭去了原本預定好的工作，來到外地，爸爸怪我沒和家裡大人商量，貿然辭職，那時我也已經成人，對他的話也總是充耳不聞，在我眼裡，爸爸就是老派，四平八穩地過著自己的日子，還不允許別人走自己的路。而他從來沒有給我們做子女的一點人生上的建議，除了一味地責備。後來，媽媽再次生病住進醫院，我才從外地回來，當時剛回來的我也沒有工作，就去醫院照顧媽媽。

媽媽住院又是因為甲狀腺癌復發，那一次，媽媽幾乎走到了生命的邊緣。

媽媽再次接受放射治療，她那滿是手術刀口，又戴著氣管擴張器的脖子，因強烈的放射線的侵入，變得更加緊縮而乾枯，脖子像失去了所有的水分般只剩下一層皺巴巴的皮貼在喉嚨周圍。她看上去是那麼虛弱，我就

像看著一朵花慢慢枯萎一樣，看著她僅靠呼吸器、氧氣瓶，維持著她奄奄一息的生命。我真恨不得去為媽媽承受所有的病痛，看著她那瘦弱的身體，我真的難過得要命。

那次，我也不知是不是屬於醫療事故，媽媽因第二次放療，脖子氣管上金屬管周圍的皮膚變得更加緊縮，媽媽的食道也受到影響，非常窄小的食道讓媽媽不能再正常吞嚥進食了。她開始昏迷，生命危在旦夕，足足有三天時間，媽媽就靠著點滴的營養液，延續著她那殘破的生命。

我守在媽媽的身邊，媽媽什麼都不知道，看著她本來高大的身軀慢慢變得像個小孩子一樣，身體縮小了好幾圈，臉上的肌膚好像自然地接受了地心引力的牽引，開始變得鬆弛，同時也失去了原有的顏色。如果不是那金屬氣管仍然在呼哧呼哧地出氣，媽媽一動不動地，就像已經走了一樣。」

聽到這裡，我的心都緊了起來，東的母親命在一線間，他即將失去自己的母親。當然，能和我在之後見面並交談的母親，自然沒有被那場大病奪去性命，可是我很想知道，在生命如此脆弱之時，東的母親是如何挺過來的。我緊緊地抓住了東的手，給他力量，我知道即便是回憶，再次經歷苦痛的過去，也都讓人心碎。

東繼續講：

「我在姊姊照顧媽媽的日子裡，去了遠方的一個寺廟為媽媽祈福。那座寺廟在一個湖中心，少有人去參拜，可是，我有個朋友告訴我去那裡祈願很靈。我在當時也寧願信其有，便輾轉來到那個寺廟。

我坐著渡船來到湖中的小廟，那座寺廟的香火並不旺，沒有來來去去的香客在這裡喧嘩，只有幾個和尚在裡面打坐，念經。寺廟的周圍都是參天的

古樹，小廟就被這些大樹所包圍，那天陽光很好，樹木的陰影都投射在寺廟的庭院裡。這座寺廟就像從天而降，為我而開一樣，寺廟裡除了我，沒有別的祈願之人。那一刻，我真的相信，這座寺廟可給媽媽帶來好運。

我為媽媽點了一盞七星燈祈福，然後我坐在湖旁的一塊大石頭上，撿了些野花丟進湖中，一邊丟，一邊為媽媽祈禱，希望媽媽能夠活過來。當時的我還不到 20 歲，而媽媽也是我的依靠，我只希望媽媽可以多活一些年歲，能陪著我和姊姊，再過一陣子。我們的生命，僅僅是有媽媽在一邊旁觀就好。」

聽到這裡，東有些近似哽咽地停頓。我看了他一眼，我能夠理解他對母親的深深的愛，這種愛，是對母親恩慈厚愛的深深眷戀。

東對著湖邊丟野花，祈求母親平安健康的心意，後來在電影《歲月神偷》裡也看到類似的片段：「如果你想與死去的親人見面，就把自己最心愛的東西丟到海裡。」電影裡的進二拚命地將自己「偷」來的喜歡之物：英國國旗、夜光杯等心愛之物一一丟進海裡，一邊丟，一邊發出稚童聲嘶力竭的叫聲，希望能與去世的哥哥相見。我一邊看，再聯想到多年前，東跟我說過的那段在湖邊為媽媽祈禱的事情，不由得黯然流下淚來。

「當我從小寺廟回到醫院時，醫生正在與爸爸商量，準備在媽媽的胃部開一個孔，然後直接在胃裡插上鼻胃管，這樣就可以將食物透過鼻胃管直接輸送到胃裡，以後所有的食物都不再透過嘴巴，也不用經過食道了。這是一個小手術，成功的機率很大，不過這樣一來，以後媽媽能吃的所有食物都只能是糊狀的湯類了。這也意味著媽媽原來的食道、食道以及味蕾都不用工作了，她再也無法品嘗到各種食物的味道，她再也體會不到吃的快樂。不過，這也是唯一能夠保住媽媽性命的方法，我們別無選擇，只有

用這個下下策來挽救媽媽的生命。

「當醫生手術做完之後,我立即回家替媽媽熬了一鍋骨頭湯,然後將一些芝麻糊倒在湯裡攪拌成糊之後,再用一根直徑大約 8 公分的針管,將糊慢慢地透過鼻胃管注射進胃裡。我就這樣連續替媽媽餵了三天,像每個人的一日三餐一樣,定時餵飯給媽媽。三天之後,媽媽醒了。距離媽媽昏迷,足足過了一個星期。

我看著醒來的媽媽,高興得差點哭了出來,那真的是喜極而泣,因為之前如何叫媽媽,和媽媽說話,她都不理我,她也沒有任何表情。媽媽醒過來的那一刻,我才察覺到,如果媽媽真的就這樣離開我,我會有多麼害怕,而這段時間裡,我甚至沒有時間去恐懼、擔心,只是堅定地相信媽媽一定會活過來,媽媽一定會挺過來。而她真的活了過來。我們全家人都高興極了。爸爸這個時候,相較於平時嚴肅的他也是多了很多話,對著媽媽問東問西的,儘管媽媽還不怎麼有精神回答,可是應著爸爸的體貼,媽媽也是心存感激地笑。」

感謝老天讓我們成爲默默的女人

在西藏的阿可丁藏式麵包坊裡聽老闆娘滿馨蔚手舞巴揚手風琴,自彈自唱自己作曲的歌《恩賜》,她在唱歌之前說了一段話:「感謝老天讓我們成為一個默默的女人,重複著每天的生活,沒有抱怨。」我聽到這段話時,第一個想到了婆婆,她就是那樣一個從不抱怨的默默的女人。

「媽媽醒來後,第一個看見的就是我。那時,我看到從她的嘴角邊露出一絲笑容,那一抹笑容,是我之後永遠無法忘記的。那種笑像一朵朵徘

徊在死亡邊緣卻突然見到太陽光芒的向日葵，情不自禁盛開的最美容顏，她的笑容在我眼裡就是那麼美。我的媽媽真的活過來了。上天聽到了我的祈禱！那一刻，我覺得自己是多麼的幸福！」

在靜靜的夜裡，我默默地聽著東的媽媽所有的身體真相。一個身患癌症三十幾年的母親，靠著強大的意志力，以及強烈的求生願望，讓她重返人間，讓這個家重獲完整。

「媽媽真的是承受了巨大的考驗，她的人生真是受夠了折磨啊！」我對東這樣說，其實在我心裡更有這樣的話未說出口，在心底，我已決定要和東一起好好地孝順他這飽經病痛折磨的母親，不管怎樣，如果有一天我能親口叫她「媽媽」，那我會將我給予自己媽媽的愛同樣地給予這位母親，不分彼此。因為她是一位值得敬重的母親，我固執地認為她是為了孩子們頑強生活下去的母親！

東繼續說：「當我問起媽媽，這幾天妳昏睡了那麼久，是不是真的睡得很沉啊？媽媽說：『其實我一直在做夢，在夢裡，我一直在走路，我走了很遠很遠的路，那條路陰暗狹窄，我一直走一直走。我還夢見了你外婆，她就帶著我一直走在那條小路上，附近都是黑漆漆的，什麼也看不見。偶爾我也能聽見你們在叫我，可是旁邊什麼人都沒有，我也看不見你們。只有盲目地跟著你外婆走啊走，也不知道回頭。後來，在一座山的一個門洞前，你外婆突然轉過身來對我說，妳不要再跟著我了，我要進去了。我這才睜開眼睛，就看見你在這裡。我自己並不知道我是一直昏睡著，也不知道究竟這樣睡了多久。』

要知道，外婆在我九歲的時候已經去世，我媽媽神奇地在夢裡跟著外婆走了很遠的路，也許那條路就是走向死亡的，我猜想如果那天媽媽跟著

外婆去到那個門洞裡，她就可能永遠都回不來了，會去向另一個世界。可是外婆不讓她去，讓她回來了。也許真的有這樣靈異的事情，在我媽媽身上發生了。」

東的媽媽就是這樣，在無限接近死亡的時候，不知被誰拉了回來。我想，當她第一眼看到自己的兒子時，一定有穿越生死與子再度相逢的喜悅，這種喜悅中又夾雜著無限的感激，儘管她那時的身體在一次次手術之後已是千瘡百孔，可是她依然感激冥冥之中，做主她生命的神能夠賜予她再一次新的生命。

在之後的接觸中，我知道婆婆對她的一生總是充滿著無限的感激，雖然她的身體一直忍受著病痛的折磨，一個又一個的刀口、傷疤，借助呼吸的金屬器具，借助進食的鼻胃管，都見證著她身體的不完整，可是，她仍然充滿生機地活在這個世上，對世上的一切都保有新鮮的態度，對身邊的一切都充滿著感恩。

在生病之後，她更加珍惜自己的身體，儘管這個身體看起來早已殘破不堪，儘管這具身體帶給她的除了悲苦、折磨，幾乎沒有給過她更多的青春年華任她揮霍，她以前高大的身體，因為疾病的困擾，變得羸弱，變得纖瘦，甚至變得殘疾，可是她從來沒有覺得自己的一生像破敗的舊棉絮一樣而痛哭流涕，她絲毫沒有埋怨，只是全然接受現實的一切，然後安好地活下來，這也正是我非常尊敬她的地方。在婆婆身上，我看到更多的不是對命運的屈服，而是對生命的敬畏。這讓她的生命因為這一次重生，而更加煥發光彩。

其實，如果一個人從來沒有與死神擦肩而過的經歷，很難體會別人重活一次的心情。

當我知曉東的媽媽所有的病情，也知道了她如何為了孩子頑強地活下去時，不由得對她充滿好感。這種好感源於一個女人對另一個女人的敬重，也有女人對女人的憐惜，因為她就是我愛的那種面對生活從不抱怨的女子。

2012 年，我去西藏出差，在阿可丁藏式麵包坊裡聽老闆娘滿馨蔚手舞巴揚手風琴，自彈自唱自己作曲的歌《恩賜》，她在唱歌之前說了一段話：「感謝老天讓我們成為一個默默的女人，重複著每天的生活，沒有抱怨。」我聽到這段話時，第一個想到了婆婆，她就是那樣一個從不抱怨的默默的女人。

正是因為我從來都是用欣賞、佩服的態度去看東的母親，所以在後來我與婆婆的接觸中，我們沒有理由相處得不好。東說，一般人看到他病重的母親，會心生厭惡，而我對他的母親，只有發自內心的佩服，厭惡之情從未有過。

我想，從那時候起，兩個心有靈犀的女人就互相信任地認定彼此已是一家人，她放心地將兒子交予我的手中，而我也成為東在這個世界上要與他一起孝敬母親的人。

美好婆媳關係相處之道四：坦然接受婆婆所有的過去

這個世界上的確是允許兩個女人同時愛著一個男人。這兩個女人，一個是母親，一個是愛人。

在所有男人的成長過程中，母親都占有非常重要的地位，她們塑造了孩子的三觀。那個我們原生的家庭，給了孩子們最多的印跡，儘管看似曾經年少，有些過往都飄渺如煙，記憶並不見得清晰，可是那些來自家庭的

烙印會影響人的一生，對後來的性格，後來的事業、家庭都造成至關重要
的作用。

　　每一個家庭都有歷史，每一個孩子都有與家人共同度過的難忘時光，
或者是被子掉到蚊香上，引發小小火災，一家人手忙腳亂，半夜起來滅火
的哭笑不得；又或者是將冰涼的小腳伸進媽媽的胸口時，媽媽發出尖叫，
你卻得意洋洋地憨笑；又或者是你生病時，媽媽整夜抱著你，守著你，你
迷迷糊糊，卻依然能夠感受母親胸膛的溫暖記憶……

　　每一寸細小的光陰，都銘記著過往與家人一起笑過、痛過、哭過、牽
手過的瑣碎珍珠。那個原生的家庭，衍生出來的東西，比我們想像的要多
得多，我們接受原生家庭的影響，父母的影響，在我們的一生中，的確一
直產生著不可低估的力量。

　　每一位媳婦，沒有陪伴妳的丈夫度過他從小到大的光陰，你的丈夫看
似是一個獨立的人，其實他們從來都不是絕對的獨立。你們的生活都受著
各自過往生活的嚴重影響與投射，你們的生活是從你們相識之後才產生，
包括愛情。而愛情之外卻隱藏了很多以前生活的節奏，比如飲食的習慣，
比如起床的時間，比如換了襪子要不要立即去洗，比如洗臉毛巾要不要擰
乾至不滴水為標準……

　　當兩個人真正在一起時，妳會發現，那些戀愛時的「廢話」變得沒有
更多的時間去說，妳會掙扎在今晚要不要回去做飯，要不要拖地，這個星
期天回他家還是回我家，這些看似不值一提的小問題中。

　　婚後的生活被一系列的生活細節充斥，而如果你的婆婆公公剛好與你
們夫妻同住，當然，你們除了兩人之間的磨合之外，還會涉及到婆媳，公
媳之間的習慣融洽等等瑣碎而不可避免的問題。

在生活中，我們不要去強求婆婆與自己的節奏絕對一致，尊重並且保持一定距離，不評判，不試圖改變，便是最好的安排。

接受婆婆的過去，不要企圖去改變老人家的習慣，強迫她做她不喜歡的事，正如妳不喜歡被人改變一樣。

或許妳的婆婆因為長期生活在鄉下，並沒有坐馬桶的習慣，她仍然習慣蹲在馬桶上，弄髒了馬桶的白色邊沿；也許她的房間長期不打掃，她卻進出自如，毫不難為情。

又或許妳的婆婆，在你先生很小的時候，便離婚獨自帶著兒子生活，她的好強，甚至她的逞強，是她作為單身女人必須有的性格特質，如影隨形，這樣的她，容易擅自作主。如果恰巧妳也是個很有主見的女子，這樣的兩個女人如果不懂得退讓，不懂得尊重，很容易就會互起爭端；

又或許妳的婆婆，是個從小便衣食無憂，事事喜歡依賴的小女人，她在年輕的時候依賴丈夫，在老年時依賴兒子，她喜歡介在妳們生活中間，讓兒子替她的老年生活做主。這樣的母親，你也不要厭嫌她，一生養成的習慣，到老了讓她獨立起來，顯然不可能。

她們過去的經歷，都影響到當妳遇見她時，她的一種狀態。而妳的過去，也需要她的接受。每個女人都有她的不完美，坦然地接受她的過去，也坦然地與她和平共處，不要企圖去改變什麼。

如我的婆婆，我見到她的時候，她是病體纏身，如果我因為她的病，而對她表露出厭煩，那勢必我和我的先生，不會有將來，因為在兒子眼中，母親都是很棒的那個女人。他不可能娶一個對他的家人不認可，從頭到尾都挑剔的人，就算是將妳娶進了門，他也總會站在自己母親的那一邊，真的沒有道理可講。

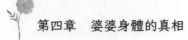第四章　婆婆身體的真相

第五章

喜歡去婆婆家

女大不中留

　　後來看到龍應臺在《目送》一書裡寫道:「所謂父女母子一場,只不過意味著,你和他的緣分就是今生今世不斷地在目送他的背影漸行漸遠。你站立在小路的這一端,看著他逐漸消失在小路轉彎的地方,而且,他用背影默默告訴你:不必追。」世間的情愛,唯有這種父女母子之情是以別離為背景的,不過是在一天天盼著孩子長大後,又不知不覺地、心甘情願地守望著她或他的背影而獨自憂傷。

　　女大不中留,的確如此。

　　原本在父母心中是個乖乖女的我,竟然會在戀愛之後,像變了個人。執著、堅持、任性、不聽任何建議,自己的事全由自己做主,似乎因為一場戀愛,這個女兒像個高燒病人,糊塗而不再可愛。

　　可是,戀愛中的人,哪裡有什麼道理可講。似乎一直做著父母心中希望的那個女孩,而當自己戀愛時,卻成了叛逆期的孩子,對父母的話充耳不聞,談一場轟轟烈烈的愛情,成了自己唯一不想放手的事情。

　　我是家裡唯一的女兒,沒有兄弟姐妹,再加上父母的老家都不在這裡,就是過年過節,家裡也只有三個人吃飯,沒有多少熱鬧可言。

　　可是在東家,除了他的父母,每次我們回去,婆婆都會將大姑一家叫回來與我們團聚,於是坐在一起也是滿滿的一桌人,我喜歡那飯桌上的有說有笑,我喜歡家裡充滿俗世的熱鬧,就是有時大姑對著姊夫吵幾句嘴,在我看來那才是真正的生活。有笑,有鬧,有人氣,那樣的家庭氛圍讓我非常迷戀,因此,每隔一個星期我就要催東回家去看看。

　　可是這樣一來,我那本來就冷清的家,就更加冷清了。這也意味著,

我有一半的休息時間，會在東的家裡度過，而我那心心念念，每週盼我回家的媽媽就更寂寞了。

有時從我家出來，跟著東回他的家，下樓走在大馬路上時，我總能感覺到媽媽站在陽臺上目送我們的目光是那樣的可憐和憂傷。在那一刻，我從不敢回頭，我想只要我一回頭，看到媽媽依依不捨的目光，我就不會再跟著東回他的家了。

後來看到龍應臺在《目送》一書裡寫道：「所謂父女母子一場，只不過意味著，你和他的緣分就是今生今世不斷地在目送他的背影漸行漸遠。你站立在小路的這一端，看著他逐漸消失在小路轉彎的地方，而且，他用背影默默告訴你：不必追。」世間的情愛，唯有這種父女母子之情是以別離為背景的，不過是在盼著孩子長大後，又不知不覺地、心甘情願地守望著她或他的背影而獨自憂傷。

看到這些話時，我流淚了，那時我已三十四歲，已是一個八歲孩子的母親，我能夠深深地懂得這句話對一個柔弱的母親來說意味著什麼。我也更加理解，身為獨生子女的我，在媽媽心中的地位是何等的重要，而那時年輕的自己，卻深陷於找到愛情的巨大的幸福旋渦之中。

雖然身為他們的女兒，可是他們對我的包容，甚至縱容，讓我竟然不懂得如何對自己的媽媽貼心與溫暖。相反，我一味地揮霍著他們對我的愛，特別是對媽媽，儘管媽媽於我，有著與生俱來的疼痛之感，可是我卻像個調皮的孩子有著故意搗亂的心理，總是有意識地做著一些與她對立的事。那時候，年輕的我在內心一再地告誡自己不要成為像媽媽那樣的人。

其實，我和媽媽一直都不是親密到什麼都可以說，在我的內心有著一種孤獨感。當我看到美學大師蔣勳在《孤獨六講》裡說：「在十二歲以前，

我聽他們（指父母）的語言，或是他們聽我的語言，都沒有問題。可是在發育之後，我會偷偷讀一些書、聽一些音樂、看一些電影，卻不敢再跟他們說了。我好像忽然擁有了另外一個世界，這個世界是私密的，我在這裡可能觸碰到生命的本質，但在父母的世界裡，我找不到這些東西。」讀到這裡，我覺得寫到我心裡去了。

也許父母並不是最了解你的人，最能走進你的世界的人，所以那種孤獨，是一種面對自己的方式和勇氣。我想這並不是說我不愛我的父母，而是我需要那樣的孤獨，來認清自己和自己的世界。而我這個有些文藝思想的女兒，在父母巨大的綠樹成蔭裡，更需要躲在自己的陰影下，獨自去看書，獨自去思考，獨自去愛自己的世界。

那時，媽媽也只有四十七歲，卻正面臨著工廠的裁員，於是媽媽退休了。這麼年輕的年紀，卻沒有了自己的工作，以後的歲月就要徹底圍著鍋碗瓢盆轉了，再加上女人更年期的到來，我開始工作離開家，交了男朋友，給她造成的失落，可以想見當年媽媽的心裡是多麼寂寞。而我作為女兒，竟然非常慚愧地沒有和媽媽進行過一次真正的溝通和交流。

二十三歲的自己，並不是不懂得心疼媽媽，我經常對我的朋友說：

「媽媽是我心底最深的痛。」女友們都奇怪我這樣的想法，血脈相通的親人，撫育我二十幾年，最希望我過得好的那個人，我怎麼會不懂得惺惺相惜？

只是一向對情感保持著疏離，不會太過熱情地對一個人，即使是對自己的媽媽，也保持著適當的距離。表面看起來都是淡淡的，可是內心我比誰都清楚，我比誰都更希望媽媽過得好，活得能更像她自己，而不是日日圍著我和爸爸，或者這個家轉。

　　我也清楚媽媽有多希望我能陪伴在她身邊安安靜靜地待上幾年，雖然她知道這個女兒遲早要出嫁，可是在她的內心裡，我幾乎占據著她全部的位置，她沒有接受過更多新潮的理論，她甚至不懂得兒孫自有兒孫福的道理。

　　她就是一個典型的家庭主婦，為這個家無怨無悔地付出，奉獻得沒了自己，只有偶爾發出一兩聲抱怨。

　　一向覺得，媽媽愛所有的家人，唯一不知道疼愛的就是她自己。我以一種恨鐵不成鋼的心情，有時用猛烈的語言去攻擊媽媽，希望媽媽能夠警醒，能夠在愛自己的基礎上，再去愛我和爸爸。而媽媽面對我的胡言亂語，總是默默地轉身，不與我計較。而她也是一如既往，一年都不會為自己添購一件新衣，總是會在打折的時候，去搶那些別人手中的鞋子。

　　媽媽沒有自己的朋友，沒有自己的生活，連女兒也不跟她站在同一邊，可想而知，那些年她的孤獨和落寞是多麼的深。於是，陽臺上那抹孤寂的身影，身後那片深情的目光，讓我下樓後總是不敢轉身，我怕見到媽媽的眼睛。

　　有時，坐在公車上，我會沒來由地哭起來，我自責地恨我自己那麼狠心地把媽媽丟下，跟著東回家。我一邊惦念著媽媽，一邊又嚮往著另一個家的熱鬧。

　　特別是過年過節時，那句「媽媽，我要走了」很難開口說出來，三口之家的小家，剛剛因為我的回來而熱鬧一點點，之後又會因為我的離開，讓那座小屋再次恢復往日的沉寂，還有媽媽的寂寞。

　　似乎節日總是太短，似乎我在媽媽身邊的日子總是太少。媽媽盼星星盼月亮一樣地數著我回家的日子，可是回家的日子還是太少，我陪伴媽媽

的時間還是太少。媽媽的憂傷太長了。我很難平衡。

　　我遇見了一個不能對我放手的母親，她的這種依戀讓孩子飛不起來，就是在外面也會不時想到媽媽那雙無奈、無助的雙眼，而無法快樂起來。而爸爸，則有他自己的事業和天地，儘管老爸內心也無比希望我能整個假日都在家裡陪伴他們，可是至少他沒表現出來。那些年，媽媽落寞的眼神，有時真的會讓我覺得不出嫁就守著媽媽算了。

　　可以想見，現在七年級生、八年級生的家庭，很多家裡都只有一個孩子，雙方父母都只有那一個心肝寶貝，面對這樣的矛盾何其難堪。後來結婚了，我想了個辦法，將兩個家庭拉在一起過節，我的父母，東的父母，還有他的姊姊、姊夫、孩子都在我們家一起過年，也照顧了雙方的父母，那樣難過的眼神，我再也沒有在媽媽眼中看到過。

石磨裡的米粒

　　婆婆五十歲生日時，對我說：「花兒啊，我很珍惜我每一年的生日，也只有自己和家人知道每一年的生日，對我來說意味著什麼。我不需要怎樣的熱鬧，我的生活都是自己一步步地走出來的，不需要做給別人看。」

　　相比我家的人氣不足，結婚前喜歡去東家就是因為他家的熱鬧。

　　每當我和東回家時，東的姊姊、姊夫、小外甥也會一起回家。一家人最常在一起做的事，便是擠在那幾坪大的小廚房裡，為那頓中餐而集中精力戰鬥。

　　那時的我並不會做飯，自然是上不得臺面。通常都是姊夫做主力，當大廚，我和大姑就幫著打打雜，挑挑菜，切切肉，婆婆在一邊指揮油鹽醬

醋放在哪裡，東則安逸地躺在客廳看電視，有時過來看一眼。

小小的廚房裡總是有我們的談話聲、笑聲，三個女人在一起挑菜、洗菜、拍薑、剝蒜，說說最近發生的事，不亦樂乎。東的爸爸則在廚房外面這裡掃掃，那裡抹抹，把吃飯的桌子擺好，或是去外面買點啤酒飲料之類的。

這樣的熱鬧，在我眼裡，就變成了一種情趣。儘管這樣的熱鬧，簡單得不值一提，但是一家人這樣樂融融地在一起，時時讓我想起如汪曾祺所說：「家人閒坐，燈火可親。」可親，正是這樣的家庭聚會的全部意義。

婆婆五十歲生日時，東在外地上班，沒能回來。我深知這個生日對於婆婆來說意味著什麼。1992年的那場病，讓婆婆差點沒能過五十歲的檻。這樣的經歷，讓我們對婆婆的每一次生日，都珍惜了又珍惜，深知她每過一年便是與疾病又戰鬥了一年。她又戰勝了癌症一年，在不進一滴主食的情況下，單靠流汁類的食物讓她的生命延續了一年又一年。我們一家人一起見證著這樣的奇蹟。

所以，東在外地的日子，我仍與大姑商量，要為婆婆辦一次生日宴，不過，婆婆也很節約，只邀請了幾個舅舅和阿姨過來在家吃頓飯，不想再通知別人。她對我說：「花兒啊，我很珍惜我每一年的生日，也只有自己和家人知道每一年的生日，對我來說意味著什麼。我不需要那樣的熱鬧，我的生活都是自己一步步地走出來的，不需要做給別人看。」我們尊重婆婆的意思，就在家裡舉行了一個小小的家人的聚會。

那天，我帶著買給婆婆的一件新衣，早早地來到東的家裡。雖然那時我和東還沒結婚，可是我一直都不把自己當外人，就算是東沒在家，我依然可以在婆婆家有如魚得水般的快樂，婆婆的通情達理，沒有媽媽的深

情，反而讓我在東的家裡有一種輕鬆易得的快樂，也許正是這樣的身分認同，讓我和婆婆一直保持著良好的關係。

婆婆穿上我買給她的新衣服，在鏡子前照了又照，轉過來轉過去。我彷彿在鏡中看到婆婆年輕時候的樣子，梳著兩條大辮子，身材苗條，臉色紅潤，她也曾那樣健康、年輕，身形勻稱而漂亮。

我悄悄地看著鏡中的婆婆，笑開了花一樣的臉，心裡卻有些發酸，是病痛將她折磨成眼前這樣：才五十歲，背卻微微佝僂，金屬呼吸器依然高高地頂在脖子前，雖有高領遮擋著，卻依然如此突兀。瘦削的身材像一根乾瘦的枯木，被吸乾了水分般，不見圓潤的光澤，沒有女人的凹凸。可是鏡中的她依然在微微地笑，靜靜地轉身，欣賞著準媳婦買給她的第一件新衣，她看起來似乎對一切都很滿意。

我從來沒有聽過她唉聲嘆氣地埋怨：「唉，怎麼就只有我得了這種病？」儘管在外人看來，她已活得足夠悲慘，可是她依然如此享受老天賜予她的生命，安於天命，順應和接受現在發生的一切，懂得好好地在現實世界裡享受生活。

想起看過的電影《歲月神偷》裡那個堅強的母親，當大兒子得絕症時，對小兒子說：「人生的路就是這樣，好一步，壞一步，好一步，壞一步……」而在我們身邊的「歲月如神偷」悄無聲息地偷走婆婆的健康、美貌、青春，而她似乎根本毫無幸運，還沒有走到「好一步」，就一直在「壞一步」、「壞一步」的大轉盤裡艱難地行走著自己的人生。

婆婆就像石磨中的一顆米粒，掉進一個不能停止轉動的磨盤，慢慢地在無情地碾磨中，任歲月的雙手將她無情地碾磨成米羹，等待傾瀉而出的那一刻。似乎噩運就一直在她身旁，毫無轉圜迂迴的餘地。

可是婆婆似乎對自己都看得到未來的命運毫不懼怕，正如我永遠記得，她站在鏡子前的那一刻，試穿我買給她的第一件新衣的模樣，鏡中的她沒有絲毫的恐慌，她安靜地欣賞著自己。看到她，我似乎就能看到安心，我就能安心地坐在她的身旁，什麼也不用去擔心，什麼也不用去害怕，她就有這樣的力量。

那天，我真想上去抱著她，告訴她：「媽媽，我愛妳，我會和東一起好好孝順妳。」我是由衷地，由衷地想叫她一聲「媽媽」，我想她等這一聲改口的稱呼，也已等了很久。她那病快快的身子，讓她非常擔心是否還能看到兒子娶妻生子，也正是因為要看到兒子開花結果的信念，讓她一直撐著，不能生病，不能倒下。

其實在我心中，這一聲「媽媽」也是在心中已久。別人說要將「阿姨」改口成為「媽媽」時，總是叫不出口，女人們與生俱來覺得與婆婆之間有著天然的隔閡，婆婆和媽媽自然有極大的差別。而在我心裡，早就將她當做和母親一樣的人來對待。所以當我結婚後，我順理成章地便改口叫她「媽媽」。也許這一聲，是心底蓄積已久的一聲呼喚，絲毫沒有不自在的感覺。與婆婆成為一家人，也是順理成章之事，一切都是那麼自然。

那個時候，家裡還沒有電話，那天吃完飯，我和婆婆一起到樓下商店打電話給東。我們和東約好了時間，他守候在電話旁邊，這個離家千里的孩子對媽媽道了聲：「生日快樂！」我看到婆婆眼裡閃爍著淚花，東後來跟我說，他在電話裡要媽媽好好保重身體，說媽媽健在，比什麼都重要。我想，東的一席話讓婆婆覺得這個孩子真的長大了。

打完電話，陪著婆婆一起回家，一路上我扶著她，陪她在回家那段上坡的途中歇息，和她一起說話，話家常。我們聊東，聊這個男孩的成長，

婆婆告訴我東小時候的事，告訴我，東一直帶在她身邊，東小時候跟著婆婆一起上夜班，跟著她外出旅遊。婆婆和兒子朝夕相處的時光，讓這兩母子結下了相濡以沫的深情。

婆婆也是非常喜歡這個兒子的，她告訴我，在她 1992 年病危的時候，東一直陪伴在她身旁，一個只有十九歲的年輕男孩子在媽媽生病時，時刻守在她身旁，毫不嚮往外面的花花世界，替她送飯，替她按摩，看著她入睡，盼著她好起來。婆婆對這一切都銘記在心，因此對這個孩子也有著更多的憐愛。

也許是我們兩婆媳像閨密一樣，什麼話都說才有了最初的了解和後來的體諒，很多婆媳，不能很好地、徹底地溝通，也正是婆媳關係不能融洽的原因。因為她們自始至終，從來沒有像親人一樣相互體恤，相互喜歡，她們只是因為那個與她們都相關的男人生硬地連繫在一起，而彼此在心底，並不承認另一個女人會成為自己此生非常重要的陪伴。

而我承認，婆婆的確是我人生中非常重要的那個人。她是給我帶來好運的那個人，婚後的事實更加證明了這點。

結婚就是成人禮

在東從外地回老家工作的第二年，我們結婚了，當時我只有二十四歲，東二十六歲。後來我們再談到結婚的年齡時，我們都訝異於自己怎麼會那麼早就結了婚。也許，當時的我們也是擔心婆婆身體，想著早點結婚，讓她看到兒子成家立業，也能早點安心。

我仍然記得結婚的前一天，與媽媽睡在一個被窩裡，母女二人悄悄地

說著話。媽媽無比憂傷地說：「妳結婚以後，再也不會和媽媽一起睡了。」我也無比感傷地說：「怎麼會呢？我就是結了婚，也會經常回來看妳的呀。」

其實，當時的我根本不能體會母親的那種心痛、疼愛與不捨。作為母親，她知道女兒出嫁意味著什麼：意味著女兒會經歷從女孩到女人的變化，意味著嫁作他人婦，就得從家裡的小公主，落入瑣碎的生活中。

只有媽媽這樣的家庭婦女才會知道，當一個職業女性，同時又是一個家庭主婦，會有怎樣的生活。那就意味著，一個出得廳堂的女人，不僅要面對職業上和男人一樣的工作壓力，同時還得會廚房裡的蒸煮炒煸；既要像一個男人一樣在企業裡打拚，也得汗流浹背地在家裡穿著短褲拖地；既要在人前堅強，也要懂得溫柔照顧丈夫，關心公婆，將家打理得井井有條。

媽媽深深地擔憂我這樣的嬌嬌女，將如何應對生活壓下來的重擔，如何每天下班就跳入廚房，從他們捧在掌心中的公主，變身為職業婦女。當然，媽媽也擔心那個即將作為女兒丈夫的人，會分去女兒對自己的愛，會讓女兒更少回家。

媽媽表達出了她的憂傷，而爸爸的憂傷深不見底。後來，在一部連續劇裡看到一位父親在女兒要出嫁的前夜，竟然躲在自己屋裡流淚，才讓我想起也許我的爸爸在我結婚前夜，也對我這個獨生女兒有著同樣的擔心和憂傷吧。

結婚當天，當接我的禮車來到樓下時，我急急地對媽媽說：「快，媽媽，禮車來了，我們快走。」媽媽不高興了，埋怨我說：「急什麼急？」後來的很多年裡，我總是想起媽媽在我即將出嫁的那一刻，對我說的那句「急什麼急」。我想那其實是媽媽最想對我說的一句話。

媽媽對即將出嫁的女兒的所有不捨，都放進這句話裡了。她要交代的話還沒說完，她還沒能接受我就要獨立成家的事實，她還覺得似乎昨天牙牙學語的女兒是如此依戀她，而轉眼女兒就穿上婚紗成了別人的新娘。

　　當時的我完全沉浸在自己的喜悅中，絲毫沒有觀察到自家媽媽的心理變化。只是自私地認為，我結婚的大喜日子，媽媽一定會是最高興的那一個。的確，媽媽是高興，可是媽媽也很失落與不捨。養育了二十幾年的女兒就這樣嫁出去了，雖然同在一座城市，但女兒有了自己的新家，會有自己的新生活，媽媽擔心，以後在女兒心中，媽媽只會占據她精彩世界的一個小小的角落。

　　其實，媽媽的擔心是多餘的，女兒就如一個風箏，不管飛多高，飛多遠，那根風箏線仍然在媽媽手中，只要媽媽輕輕拉一拉，想她了，她都會隨時回到媽媽身邊。

　　結婚那天，面對眾多親朋好友，我牽著東的手，最想感激的就是生養我的父母，二十幾年在父母家的生活如電影重播般在腦海裡循環往復，不能停止。

　　依然記得，小時候每次要與我分別回去上班的媽媽那雙流淚的眼；依然記得，爸爸為我的倔強，責罰我靠牆而站，手中的尺揮動在我的身旁，虛張聲勢，我卻毫髮無傷；依然記得父親在我每一次升學的夏天，為我奔波，要為我選一所更好的學校；依然記得母親在炎熱的夏夜為我整夜搖著蒲扇，不覺辛苦。父母傾盡全力給我，他們可以給的一切。

　　母親那張三十歲第一次燙髮的照片，年輕而知性；父親信心滿滿地站在單位的梯檻前，他是天之驕子，大好的事業鋪陳在他的前面。而眼前的母親已是白霜初染，父親已全然禿頭戴上假髮。站在他們面前的女兒已挽

著丈夫的手，就要離家，成為他的新娘。

父母給我一個蜜糖一樣的家，給我一個躲風避雨的家，我在難受的時候可以回家，向爸媽哭泣；我在最需要幫助時，求助父母，他們必然會伸出最溫暖的臂膀。父母對於結婚前的我來說，真的是我內心深處最溫柔的港灣，不管我這艘小船航行多遠，他們都一如既往地在原地等待。

而東的父母同樣讓我敬重，父親的嚴厲，母親的慈愛，母親的病痛，父親與東之間融化的矛盾，都讓那一刻站在臺上的我感慨萬千。

有時，結婚有幸福，也有感傷。這意味著新娘和新郎要脫離原生的家庭，從此真正成家立業，真正獨立做人，不再依賴父母。

這一切的浮想讓我淚光盈盈，感恩、感激、感動是我在婚禮上最大的感觸。那天當我向我們雙方的父母說出那一聲感謝時，父母給予我們的愛都變成了觸手可及的畫面：一個小孩從出生，赤裸裸地來到這個世界，被父母悉心餵養，得以成人，這個過程大概是世界上最需要耐心的一件事。

而我們有幸在種種關愛中長大，將攜手另一半過自己的新生活。這樣的時刻，對於雙方的父母來說，會有著怎樣巨大的驚喜，和對過往細微瑣事回憶的微微傷感？

臺灣沒有什麼成人禮之類的儀式，大抵在結婚的當天，兩個孩子才算真正長大，他們要脫離原生的家庭，脫離原有的庇護，學會真正地擔當。他們將要面對的不僅僅是自己，還有對伴侶的責任，對雙方父母的孝順，更要融入雙方的家庭，從此不再是一個任性的孩子，而是個頂天立地的人了。

當我和東向他們四位老人低下頭深深地鞠躬時，我的淚水早在眼眶裡打轉，抬起頭來看著下方的親朋好友時，有敏感的朋友說，在遠遠的角落

裡，都能看到我眼中閃動的淚花。

　　端著奉茶遞給媽媽、爸爸，還有東的父母時，我將內心最深的感激，都化為那杯淡淡的茶水。我不是一個會表達自己的人，可是我知道那一刻在我的內心裡充滿著對雙方二老的感激，感謝他們賦予了我們生命。

　　而此時，我看到東的媽媽也是熱淚盈眶地看著我，在我向她走過去遞奉茶時，我握了握婆婆的手，那輕輕的一握，我知道，我們兩個人都懂。婆婆用她那布滿筋絡的手也微微用力地與我回握，將我的手放在她的手心裡。那一刻，真的有一道暖流爬滿全身，我知道我就算是嫁了人，也會生活得很幸福，因為我多了一個喜歡我的媽媽。

　　這之後，每當參加親朋好友的婚禮時，沒有一次不讓我激動得流淚，在每個這樣浪漫而喜慶的日子，我總是不自覺地將新娘新郎的成長史相連接。而那些溫暖的記憶，總是讓人忍不住淚水漣漣。

　　很多次，參加朋友的婚禮，我都能從新娘的雙眼裡讀到淚水與感激。特別是有一次參加東的表妹的婚禮，這個善良的女孩子，更是在自己的婚禮上任眼淚傾瀉而下，哭得個稀哩嘩啦，我太清楚這位妹妹內心的感受了。當她從那所陪伴著她長大的小平房裡光鮮地走出來，身後的父母曾經在那所愛的小屋裡對這位公主一樣的女孩付出過多少，她自己比誰都更清楚。

美好婆媳關係相處之道五：不要在心底比較兩位母親

　　許多媳婦總是從那一聲改口叫「媽」起，開始區別對待自己的母親與愛人的母親。

　　對自己的母親，女兒們會親熱地叫「媽媽」，一定是疊音，有著親暱，有著撒嬌；叫婆婆時會硬生生地叫「媽」，一個字，叫起來會覺得有

些敷衍，有順口一帶的不自然，有時也含含糊糊，總是覺得能帶就帶過去了。一聲「媽」與「媽媽」便把兩位母親分隔開來。

在稱呼上可以區別對待兩位母親的人，自然在內心裡，也會偷偷地將自家媽媽與愛人的媽媽進行比較。

媳婦們總是覺得，在娘家媽媽面前，自己便是那個隨時可以撒嬌，隨時可以使點小性子的女兒，媽媽也不會計較，母女之間，就算是吵兩句嘴，也是轉身就忘，不會記在心上；但在婆婆面前，似乎最好小心一點，稍不留意，怎麼把老太太得罪了，也全然不知。

很多媳婦覺得，在婆婆面前得將「溫良恭儉讓」做得像模像樣，在她面前你不再只是個孩子，她似乎也沒把你當成孩子，你首先是她兒子的老婆，其次才是與她兒子一樣的孩子。不過這個「孩子」得懂事、體貼，會做家事，最好還能能幹勤快，裡外精通，這的確是一些婆婆對媳婦的要求。有這樣想法的婆婆自然也將媳婦和自家孩子分隔開來，如果婆婆如此區別對待媳婦和兒子，偏袒自己的孩子，媳婦當然也會在內心暗暗地與婆婆較勁。

在娘家媽媽那裡，女兒肯定是媽媽最疼愛的心頭肉，可是到了婆婆家，因為二十幾歲才進這家門，婆婆與你除了短暫的接觸，可以說對你全然不知。所以要想婆婆如媽媽那般的體貼，善解人意，也許不太可能。

而這不一樣的母愛，也讓媳婦與婆婆之前，似乎豎起了天然的屏障。人與人之間，都需要充分的溝通和了解，才得以維持平衡。媳婦和婆婆之間，也是一樣。

其實，當我們剛剛進入婚姻，許多事情都猶如我們未知的體驗，一切都是新的。這需要我們用開放的心態去擁抱去接納，從娘家的嬌女子，到

婆家能獨當一面的媳婦，箇中如瀑布之水的轉變，讓很多女子首先在心理上並不能適應。從在娘家隨性自在，到婆家需要顧忌他家人的情緒，種種的不適，在婚姻初期都需要磨合。

　　所以這個時候，請不要在婆婆身上亂貼標籤，這會讓你舒服很多。婆婆本身就不同於媽媽，兩位不同的母親身上自然有截然不同的性情，你了解自家的媽媽，未必了解婆婆，而她對你亦然。所以根本無需在心底，暗暗地比較兩位母親，從而讓自己覺得委曲，產生自憐什麼的感受。很多事情，都需要時間去檢驗，你與婆婆的關係也是如此。

　　在《活在喜悅中》一書裡，我看到這樣的話：「對新事物開放，是指對自己和別人都信任和有信心，相信未來充滿喜悅和許諾，相信自己的成長和方向。心是信心、信任和信念的中心。向新事物開放你的心，願意跨出你正常的限制和觀點，以不同的方式來看世界。信任世界是安全的，並且知道，你正是你生活裡所發生的事的導演和製作人。」

　　在我們和婆婆的關係中，作為媳婦的我們，也是天生的導演，我們的心引領著我們生活的方向，那些負面的情緒與無知的比較，對於我們真正開始的生活來說，毫無用處。

第六章
廚房是我們兩個女人的陣營

婆婆就是我們家的廚房總管

「花兒，我買了一個琺瑯燉鍋給你們。」

「好，謝謝媽媽。」

「我已幫你們燉好了一鍋老鴨湯，妳到車站來接我一下。」

「媽媽，我們知道自己買東西來燉，妳這麼遠端來，多累呀！」

「我都燉好了，妳就只要來車站接我就行了。」

每當走進廚房，拉開冰箱時，都會發現裡面有婆婆剛買來的新鮮的肉；拿起一袋鹽往瓶子裡裝時，我知道那袋鹽一定是婆婆買來的；打開泡菜罈，裡面有婆婆才泡進去的辣椒。不同的季節，不同的泡菜，一年四季，什麼時候該往廚房裡添加什麼，婆婆比我們小夫妻更上心。廚房裡的鍋、泡菜、裝調味料的盒子、電鍋、電磁爐都與婆婆有關，即便是婆婆已去世幾年，我再走進廚房，依然能在廚房裡找到婆婆的印跡。

廚房，對於我來說，就是回憶婆婆的最好地方。

時至今日，我依然喜歡在星期天的上午，一個人去買菜，然後回來慢慢洗肉，洗淨血水，丟在鍋裡，大火熬煮，小火慢燉，低頭洗菜，寫好食譜，一個人在廚房裡洗切蒸煮，獨自回憶……對於婆婆來說，廚房是她的領地，管好廚房，也就管好了我們的胃。

所以每隔一個星期，她都會來視察我們的廚房。而每次，她過來之前，都會打電話問我們想吃什麼菜，然後第二天一大早便去菜市場買最新鮮的蔬菜、五花肉、排骨、瘦肉、魚等食物，再和公公一起，把菜提過來給我們。每次打開門看到她氣喘吁吁的樣子，我真是於心不忍。

只能跟婆婆說：「媽媽，我們知道哪裡能買菜，您就不用這麼遠提來給我們了。」

婆婆反倒說：「你們一天上班早出晚歸的，哪有那麼多時間去買菜，就算是晚上回來了去買，都買不到新鮮的蔬菜和肉了，我反正閒著也是閒著。而且我們那邊的菜比你們這邊便宜，還新鮮，也就是順帶著買點給你們。」

說是順帶，一帶就是全包攬的架勢，為妳買廚房裡所需的一切東西。鹽快沒有了，醋快沒有了，或是油快沒有了，過幾天，這些東西肯定會出現在我家廚房的櫥櫃上。

在我的記憶中，婆婆在世時，我的婚後十年，沒買過一次炒菜油、麻油等所有的油鹽醬醋，婆婆成了我家的飲食總管和運輸大隊長，總是從離我家一小時路程的地方，為我們搬運食物、生活用品過來。婆婆像一隻低頭走路的螞蟻，一直慢慢地，但執著地關心著兒子、媳婦的生活，默默地做著她想做的事情。

印象最深的一次，接到婆婆電話：

「花兒，我買了一個琺瑯燉鍋給你們。」

「好，謝謝媽媽。」

「我已幫你們燉好了一鍋老鴨湯，妳到車站來接我一下。」

「媽媽，我們知道自己買東西來燉，妳這麼遠端來，多累呀！」

「我都燉好了，妳就只要來車站接我就行了。」

也許看到這樣的對話，好多人都要覺得我婆婆真傻，那麼老遠端著一鍋湯過來，不累嗎？

請不要這樣想我們的媽媽，老人家的心意足以讓我覺得這個世界上的確有溫柔相待的人存在。那個人可能是你的母親，你的父親，也有可能是你的婆婆。

當我們粗暴地被別人對待，然後又粗暴地對待別人時，我們陷進冷漠的世界，婆婆的那種溫柔善良，那看似憨態可掬的心，卻讓人感到溫暖。

可想而知，婆婆端著一鍋湯，在公車上一路顛簸，要注意湯水不能灑出來，下車還要走十分鐘的路再轉乘下一趟車。我彷彿看見，她佝僂著腰，端著鍋，走兩步歇一步，還時不時擦下汗水，然後用手帕按著呼吸器，咳兩聲，重重地喘兩口氣，然後繼續走路去車站。我知道，如此的受累，對她的身體並不好。可是我依然順著她，默默地接受著婆婆的關懷。

對她自己付出的一切，婆婆總是輕描淡寫。

在車站，看到了從車上下來的婆婆，臉上有汗珠掛著，臉龐紅通通的，看見我和東迎上去，她滿臉笑容。東將鍋拿過來抱著，我小心地攙著婆婆，輕聲怪她：「媽媽，以後別再這樣了，我們知道自己買東西來燉，您這麼遠端過來多累啊！把您累壞了，怎麼得了？」婆婆只是呵呵地笑，不時用手帕搗著金屬器咳兩聲，仍然是走兩步停一步的。我猜測那鍋湯連鍋帶湯起碼有 3 公斤重，而婆婆的體重不足 40 公斤，且她僅靠一根金屬器具插在氣管上幫助呼吸，在別人看來輕而易舉的事，對她而言，就完全屬於很消耗體力的工作了。

我一邊心疼婆婆為我們操不完的心，一邊也不忍拒絕婆婆對我們的關懷，我知道這是她關心兒子與媳婦的方式，我如果拒絕了她的關心，她會很難過。

雖然我不是啃老族，可是那些年我一直對她送來的東西照單全收，這

反倒讓婆婆為她的辛苦得到了承認而高興。

後來看日本作家池波正太郎寫的《食桌情景》一書，〈在旅行食記〉一章中她寫道，在旅途中總是可以碰見很善良真誠的老婆婆不僅為他提供了美食，而且最後結帳時只收極少的錢，池波要多給些錢，都要費很大的工夫，老婆婆才肯收下。他因此感慨：「有老人家真好，老人家是不可或缺的存在。」可是在池波家裡，他卻並不讓自家老母親安穩地頤養天年。因為他總是對母親和妻子這樣說話：「我年紀也漸漸地大了，有些事也會愈來愈力不從心，所以從今後我們三個老人家不攜手的話只會一起倒下去！妳（母親）雖然已經七十了，但要是因此就過於鬆懈的話也不行，要是妳不繼續努力振作的話，對我而言也會是個沉重的負擔。」他的母親不怒反喜地說：「好啊！我到死都會努力振作的啦！」因此，池波家「只要有去買東西或是其他需要外出的工作，我都盡量麻煩母親，這樣做母親似乎反而比較開心」。

看到這裡，我會心地笑了。池波正太郎對母親可謂用心良苦，他讓母親去承擔一些常態性的工作，儘管對於母親來說都是勞力活動，可是母親也愈加覺得自己是個有用的人，讓自己精神不倒地活下去。而我們對拖著一身病體的婆婆，卻從不拒絕她為我們買這買那的原因，也正是基於此。也許，照顧我們的胃，也是她好好地活著的一個最重要的希望，她希望看到孩子們好好的，她希望看到媳婦為她誕下孫子，她希望有看到孫子的那一天。

每次當婆婆把一籃子菜提到我家廚房，我做出一桌美味時，婆婆雖是不能進食，可是會坐在桌子邊，一邊問這個魚新鮮吧，這個空心菜很嫩吧，我一個個地回答，看著她心滿意足的笑容，似乎能看到她甚至有種洋洋得意的心情。我在心底也暗暗地笑。我想，婆婆也是靠這個支撐著她的生命，她是能為這個家作貢獻的人，她的病體並沒有拖累家人。

暗藏著我和婆婆共有祕密的地方

　　依然記得婆婆對我說：「有時在廚房裡，我就覺得自己是個神氣的導演。砧板上的每一種菜，就是我的一個演員，我讓青椒紅椒搭配牛肉絲，我讓金針菇纏繞排骨，我讓肉末隱藏在茄子洞裡，我像一個導演一樣仔細地安排著我砧板上的各個角色，當然，它們的命運也全在我手裡。」

　　廚房是我婚後喜歡的地方。這跟很多女孩子不同，有很多同事都告訴過我，她們初次去婆婆家的經歷：為了避免今後長期在廚房裡做事，她們在洗碗的時候會連續地「不小心」打碎幾個碗，或者故意把沾滿水的蔬菜丟進熱辣辣的油鍋裡，看見濺出來的滾油，然後尖叫著跑開，用這樣的方式來表示自己真的不會做事。有些婆婆心疼幾個打碎的碗，或者實在看不慣她笨手笨腳、毫不俐落的樣子，然後以後都懶得叫她進廚房了。女孩們揚洋洋意地說：「這個方法真的很管用，然後我就可以坐在客廳嗑瓜子，看電視，想幹嘛就幹嘛！」

　　我是從娘家只會炒空心菜開始嫁給東的，那時的我除了會炒一些簡單的蔬菜，其餘什麼都不會，可是婚後的自己，卻樂此不疲地圍著瓦斯爐轉，心甘情願地在家人聚會時，做一大家子人的廚娘，甚至覺得那簡直是我的榮幸。

　　婆婆並沒有手把手地教我做菜，我是在東的「圈套」下學會的。東小時候非常自立，公公在部隊，婆婆一人帶著東在身邊，東就總是乖巧地幫媽媽做事，學會了很多。當東和我結婚後，他就先教我炒回鍋肉，我這個傻女人也便心甘情願地「上當」了，津津有味地照本宣科，學得十分努力。每次我下廚，端出來做好的菜餚，東都要在盡情地享受之後，表情誇

張地說：「炒得真好吃啊！」每當看到他樂滋滋的樣子，我那小小的虛榮夾雜著強烈的滿足，催我更加奮進，於是不知不覺就上了東的「圈套」。他也樂得從櫃檯主廚轉身而成資深顧問，而我便樂融融，傻呼呼地從一無所知的「廚助」搖身一變成為美麗廚娘，並且樂不思蜀地喜歡上廚房這一陣地。

談戀愛時，廚藝太差，還上不了場面，每次去婆婆家，都只有在廚房裡做個小打雜什麼的，當不了「大廚」，都是姐夫掌廚，做一桌好吃的，讓大家共用，那時的我多麼嫉妒他，眾星捧月般，圍著他轉，而他像個大統領一般，在廚房陣地裡發號施令，指揮著我們為他準備蔥薑蒜，或是把魚洗淨，把肉切成細條。

這種感覺竟讓我非常羨慕，做指揮官多棒呀，哪怕只是小小的爐灶。而女人涉足美食，有人說「有為粉飾面子投身廚界的，有因生計之苦繞於鍋臺的，也有受感情牽絆寄情於美饌的」。可是在我，那就是一種天然的喜愛。

也許對廚房有著天生的敏感神經，我喜歡將廚房化作一塊非常自我的魔幻聖地。

墨西哥女作家蘿拉・埃斯基韋爾（Laura Esquivel）在《恰似水之於巧克力》（*Like Water for Chocolate*）一書的序言中寫道：「在我生命中最初的光陰，是在我外婆、我母親家廚房的爐火旁度過的。我看著這些智慧的女人，在進入廚房這塊聖地之後，如何搖身一變而成為女修士，成為煉金師，擺弄著水、風、火、土這組成宇宙的四大元素。」看到這裡時，我酣然地笑了，這是對廚房多麼準確的說法！在廚房裡，溫暖的火爐旁長大，聞著那些洋蔥的味道流淚，身上黏滿巧克力、奶茶的甜香，滲著香濃的奶

味。可以想像，在那樣的午後，在一個爐火旁的搖籃裡，睡著一個打盹的
小女孩，絲絲的金髮在陽光下發出魚鱗般的光澤散亂地落在臉上，嘴角有
微微的夢涎流出，這樣甜香的夢裡，想必一定混合著食物的味道。

　　也許我並沒有這樣對於廚房的最溫暖的記憶，可是當我做了別人的老
婆，我不能說瘋狂地愛上了廚房，可是至少我喜歡待在廚房裡。每次走到
廚房做菜，總是能讓我產生許多聯想，會給我一個思考的空間，甚至給我
許多寫作的靈感。

　　所以時常只有我和東兩人在家時，我總是非常享受做菜的過程，一邊
洗菜，一邊記錄腦子裡不斷冒出來的新詞、新事，還有朋友建議我弄個錄
音機在廚房裡，這樣可以一邊做菜，一邊說話記錄，兩不誤。

　　我很樂意看到東吃我做的菜時，心滿意足，大口嚼著，非常快意的樣
子。而在婆家，我更不會投機取巧地認為躲在一邊嗑瓜子，二郎腿翹得高
高的看那些笑鬧的電視，像個客人一樣坐在一邊比較幸福。

　　也許正是因為我熱愛廚房，廚房裡不僅可以變出可口的美味，還是可
以將記憶美化的地方。

　　每次我們婆媳都會在廚房裡一邊做飯，一邊聊天，對於如今婆婆沒
在我們身邊的日子來說，那樣的記憶讓我覺得簡單的幸福在廚房裡觸手
可及。

　　我一邊低頭撕著番茄皮（絕對不要將番茄放在熱水裡去燙皮），一邊
和婆婆聊天，鍋裡正沸騰著大骨湯，添加薑、花椒，將蔥切成段備用，將
番茄在鍋裡炒爛，然後一點點添加到湯裡，大火燒開，再用文火細燉。你
的每一個步驟都令鍋裡的味道在一點點發生變化。難道你不覺得神奇嗎？

　　當然，我們還一併將細心、愛心、想像力，通通放進白瓷的燉鍋裡，

起鍋後，灑上一點小蔥，把一道一道普通的菜肴變成了美味。這樣想來，除了廚娘，還有什麼樣的角色能讓女人們如此呼風喚雨呢？我真的就變成了大然的煉金師、魔法師，真是好不痛快！

而當現在我已成為一個名副其實的中年女子，在挽起長髮，做了別人十幾年妻的時候，我依然喜歡圍著自己乾淨的彩色條紋圍裙，在自家的廚房裡，將一根根蔥清洗乾淨，將一個個馬鈴薯切成長短合適的細絲，將一個個紅辣椒裝點在每個盤子裡，悄悄地等待它們變幻容顏的那一刻。

依然記得婆婆對我說：「有時在廚房裡，我就覺得自己是個神氣的導演。砧板上的每一種菜，就是我的一個演員，我讓青椒紅椒搭配牛肉絲，我讓金針菇纏繞排骨，我讓肉末隱藏在茄子洞裡，我像一個導演一樣仔細地安排著我砧板上的各個角色，當然，它們的命運也全在我手裡。」

我非常喜歡婆婆這段非常文藝的廚事解釋。當那些沒有溫度的食材，在熾熱的火上，燒煮蒸煸之後，彷彿它們的人生擁有了新生的力量，被花枝招展地擺在青花瓷盤裡，妖妖嬈嬈地成為一道道精緻菜點。那時，我心底的快意與自豪不亞於擁有一座城池，我彷彿有了國王般的指點江山的豪氣和臨陣不亂的滿足感！

我喜歡蘿拉在序的末尾，說：「在廚房裡沒有虛擲的光陰。」而我在中間加了「女人」兩個字：「在廚房裡，女人沒有虛擲的光陰。」廚房裡的光陰是有回報的。

蘿拉說：「在我的生命中，男女之間這種充滿愛、熱情與張力的結合，誕生出了果實。」在廚房裡，我們也正是可以找到這種充滿愛、熱情與張力的力量。

很多女人並不喜歡廚房，她們覺得廚房不但不具有魔力，而且極具毀

滅的意義，廚房裡的煙燻火燎、油煙烹炸，會將一個可愛的不食人間煙火的天仙，變成一個蓬頭垢面、不思進取的黃臉婆。很多女人以為日日混跡於廚房的女人就是從廚房裡出來進入公司的隔間裡，都會從她的身上聞到濃濃的油煙味，如果近到跟前，也許還會聞到她手上沾染的魚腥味，更或許從她的髮絲裡隱約聞到椒麻的花椒味。如果看她的手，則會發現一道道深深的如刀刻般的橫七豎八的掌紋，甚至可以從她的指甲縫裡看到黑黑的塵垢。

以我結婚十幾年的經驗來看，我日日出入廚房，並沒有將自己變成可怕的「廚娘」。就是現在在廚房裡做飯，我依然保持著將筆記型電腦搬進廚房的小桌子上，然後放上音樂，一邊聽歌，一邊做飯的習慣。這樣做飯，就是一個人在廚房裡打轉，也是非常美妙的事。

誰都需要一種生活的情懷，我始終相信擁有生活情懷的人，就是懷著祕密武器，與別人過一樣的日子，卻可以活得不一樣的人。也許，我和婆婆都有這樣的力量，它讓我們兩個女人發現了廚房的魔力，以至總是沉迷在廚房裡久久不願意回歸。

香港作家歐陽應霽在他的自我介紹中總是引用他老師送他的幾個字：「貪威識食練精學懶作為下半生做人宗旨。」在歐陽應霽的書中曾看到他解釋這句藝術論老師送給他的八字箴言：「用盡一切機會一切形式表現自己獨特的創作理念，此為『貪威』；懂得如何被影響如何不被影響，如何吸收如何消化如何發揮，此為『識食』；如何繞過重重障礙，不走人家的老路，爽快俐落，另闢蹊徑，此為『練精』；至於『學懶』，就是在大部分汲汲營營忙得冒煙之際，你卻有自成一家一派的閒。」

在這裡，我最想提的其實是「學懶」，很多時候人們都會覺得忙碌得根本沒有時間做飯，做飯太過浪費時間，用這個時間也許我可以查更多的

資料，我可以有更多的時間從事創作，做這麼低級、隨便找個沒有讀書的人都可以做的事，根本不能展現自己的價值。

老實地說，在三十歲之前，我也是個極度瘋狂的工作狂。將兒子放在媽媽那裡，常常加班工作到深夜，那時的自己做著一家企業的管理部部長，管轄公司的人力資源、行政、企管等工作，部門職責範圍非常大，而我自身的責任心又讓我對這份工作必須做到盡職盡責。甚至有時晚上會悄悄地睡在辦公室的沙發上，為了查保全的出勤，在凌晨三點起床，去看保全是否在門口睡覺。下大雨時，公司倉庫漏雨，會在深夜接到電話時，立刻起身打的去公司幫助搶險。

這樣的我，自然無時間做更多的家事。而及至三十歲之後，當我自己創業有了更多自己的時間，我開始愛上了廚房事業。

很多女性對於勞動之事，並沒有天生的喜好，而要讓她們與我們傳統的母親一樣，為了家拚盡全力地親力親為，已是現代職業女性很難做到的事。可是我很遺憾地告訴她們，當她們將自己的胃交給了外面的餐廳，將自己的胃交給了餐廳裡能製作美味的廚師，也許少卻了繁重的家事，可是也失去了親自製作食物的力量。這樣的力量會讓妳變得柔軟，變得柔和，在製作食物的過程中找到妥協、柔和的力量，在為家人以及自己製造美味的過程中變得溫柔與體己，在與家人共進晚餐，看著兒子和老公吃得特別香的時候，妳會感受到無論在哪家富麗堂皇的餐廳裡，都找尋不到的讓美味與絕佳的心情並駕齊驅的感覺。

婆媳的交談總在廚房中進行

我們婆媳從沒有正式地一人來一杯茶，或是各捧一杯咖啡，非常優雅地坐在那裡聊一下午天，但是廚房卻成了我們敞開心扉的好地方。一邊挑菜，一邊切肉，一邊聊天，空氣裡有肉香、蔬菜的清香、泡菜罈的老酸，混合著真正的生活的味道。這裡，是我們的私密陣地，不擔心有人來打擾。

當我們婆媳二人都發現了廚房的魔力時，我們也樂此不疲地堅守著自己的陣地，輕易不會讓位。

婆婆總是與我在廚房裡並肩「戰鬥」，也在廚房裡和我有說有笑，她從不對我指指點點，她知道每個人都有自己做事的方法和程序，她從不將自己的意志強加給我。也許，這便是我與婆婆沒有矛盾的原因。她懂得為我保留應該有的空間，對我或者我的小家庭的事從不插手干預。

我想，這與婆婆一直讀書看報學習的習慣有關。婆婆儘管生病多年，很少出門，但是一直保持著看書的習慣，電視上的新聞節目也是她的最愛，關心外面發生的事，讓她從不落伍，也不自閉。

所以當我知道家裡那臺 21 吋的電視壞了時，我跟東提出，我們為婆婆買臺 29 吋的電視機。當時一臺 29 吋國產電視機得接近 20,000 元，而我和東的薪水加起來，一個月都沒有 15,000 元，可是我義無反顧地要為婆婆買電視機，也許平時不在家的兒女們，只能用電視給予老人一些陪伴。

電視直接讓店家送去給婆婆的，我們一起在家等著收貨。到貨時，東幫著組裝，又問婆婆看電視的習慣，將所有的頻道為她調好，當婆婆拿著

遙控器隨意地換臺時，我看到婆婆的臉上分明寫著「幸福」二字。

婆婆也不是個喜歡說濃烈話語的人，對我們的付出，她看在眼裡，也沒有和我們過多客氣。

只是過了不久，一次我和婆婆在廚房裡做飯時，婆婆對我說：「花兒，其實我知道買電視是妳的主意，我心裡都有數。看到兒子娶了妳這麼一個好老婆，我真的很開心。現在我天天看電視，或是關電視時，都會想到你們。你們真的送了我一個很好的禮物。」

我微笑不語，她懂得就夠了，我們的點滴孝心何足掛齒。對於我們來說，父母健在，有機會盡孝，已是我們做兒女最大的福氣了。

我們婆媳從沒有正式地一人來一杯茶，或是各捧一杯咖啡，非常優雅地坐在那裡聊一下午天，但是廚房卻成了我們敞開心扉的好地方。一邊挑菜，一邊切肉，一邊聊天，空氣裡有肉香、蔬菜的清香、泡菜罈的老酸，那是真正的生活的味道。這裡，是我們的私密陣地，不擔心有人來打擾。

雖然婆婆的氣管上插著鐵管子，說話嘶啞費力，可是這一點都不影響我與她的交談，她那沙啞的聲音我能聽得非常清楚。也許我與她的確有前世之緣，不管我是與她通電話，還是與她面對面地說話，我們之間的交流從來都沒有障礙。

就在今天，寫這章時，我看到這樣一句話：「擁有一顆柔軟的心，會讓我們變得如一朵棉花一樣不易受傷。」我自認為在我家的廚房裡，我早已修煉了一顆柔軟的內心，這樣的柔軟讓我應對來自外界的風雨自有它無盡的免疫力，也自有不可摧毀的力量。

而我總是說，廚房是我與婆婆共同的陣營，也許我不是一個懶惰的媳婦，讓婆婆對我這個能幹的媳婦總是誇獎。人前人後從無斥責，我們總是

在廚房裡一邊談笑，一邊商量著今天要做一桌什麼樣的菜出來，共饗外面坐一屋的家人們。

這個豬肝，用辣椒來炒；這個牛肉，用來紅燒；這條魚抹抹上鹽，用來清蒸；這塊肉適合做粉蒸肉；番茄來燉排骨湯；還有豇豆用來涼拌，空心菜用來清炒。婆婆再親自上陣，做茄餅鑲肉，一桌美味，只等待開席。

而我們兩個女人不僅有條不紊地準備，更像閨密一樣盡情地說著體己的話。我會向婆婆匯報近期的工作情況，婆婆會跟我說她家陽臺上花花草草的花開花落，說她對大姑的擔憂，說近日與公公有些不和，說舅舅他們一家會在什麼時候來家裡玩，到時打電話讓我們一併回去熱鬧一下。

在廚房裡，我們說過很多話。甚至很多重要的消息，都是在廚房裡發表的。當我的爸爸決定為我和東買房子時，我是在廚房裡告訴婆婆，我們就快有新家了。當時婆婆手裡拿著鍋鏟，也忍不住高興地揚著鍋鏟說：「妳爸爸動作真夠快的。真要好好謝謝他們。」

我們的家是我的父母撐起來的，父母對女兒沒有自己的房子耿耿於懷，可是，他們不像其他父母，非要男方買房才讓女兒出嫁，我的父母知道東家的情況，他們善解人意地從不提過分的要求，他們能幫女兒女婿一把就盡己所能地幫助我們，哪怕自己省吃儉用，也要給我們一個溫暖的家。

在裝修廚房時，我在廚房裡做了許多櫃子，我知道以後這間屋子對我會非常重要。櫃子裡會擺放漂亮的餐具，黑色的大理石檯面會被我擦得發亮，我和婆婆的「會談室」一定要裝扮得生動且讓人自在。我知道以後在廚房裡，當紅燒肉的肉香、蔬菜的清香，還有油水混合，在鍋裡發出「滋啦啦」的響聲，同時刺激我們的味覺和聽覺的那一刻，廚房裡那看不見的

仙人就會在一起合奏出最動人的廚房圓舞曲。而我與婆婆便是那聽到節奏應聲而和之人，我們低聲細語，將甜蜜的話語穿透食物的馨香，任它香飄飄地在廚房的空氣裡四處溢蕩。

在朋友中間，我們是最早買房搬進新家的。現在我們依然住在這個有著十年歷史的房子裡，這個家讓我感覺無比溫暖，我從未羨慕別人搬了一次又一次的家，家在我眼中，就是溫馨的代言，不在乎房子有多少坪數，不在乎裝修有多豪華，而我最在乎的是：家是否有個遮風避雨的屋頂，是否有家人團坐餐桌前的溫暖晚餐，是否有家人彼此間的輕聲呵護與問候。對於我來說，家僅需一個屋頂，屋裡有一間廚房，有一個漂亮的餐桌，然後一家人圍坐在一起吃飯說笑，如此簡單而已。

每當節假日，婆婆總會把我們和大姑一家人召集在一起，吃個團圓飯。對於我來說，那就有很濃的家庭儀式感，大家有說有笑地在廚房裡做菜，然後圍在一起吃飯，把酒換盞，飯後收拾完餐桌，姐弟兩家四個人坐在一起打打麻將，或是打打撲克牌。公公到外面茶館去和他的老朋友們打牌，婆婆則總是守在我們旁邊，一邊看電視，一邊看我們打牌。那一刻，一個平凡家庭的小歡樂就在房間裡四處飄蕩，我認為的幸福也便撲面而來。

美好婆媳關係相處之道六：和婆婆做朋友沒有那麼難

也許有許多媳婦會覺得婆婆沒隔幾天就到家裡來，似乎老人家是在懷疑自己沒有能力把他兒子照顧好，是過來監督我的。我可不這樣想，雖然我們並不是啃老族，雖然從情理上來說，我也不願意婆婆這樣勞累地來回奔波照顧我們的飲食。

婆婆這樣做，並不是在嫌棄我這個媳婦不能照顧好她的兒子，她這樣奔波，不過是在關心兒子的同時，也在關心我。我成了她的媳婦，我們也變成了一家人，我從不拒絕她的關心和照顧，也不反感她的隨時到訪。甚至我們還給婆婆了一把小家的鑰匙，讓她隨時想過來就能過來，不用在門口等我們。

　　可是對於一些細節，婆婆會非常注意，她在我們家時，決不會貿然闖進我和東的房間，如果我們清晨睡懶覺，她也會聽之任之地隨著我們，起床之後，也不會嘮叨我們，更不會嘮叨我，覺得兒子睡懶覺天經地義，而媳婦就該早起。

　　我們起床後，她會像所有的母親一樣，為我們熱早飯，然後準備中飯，對我和她的兒子一視同仁，這是讓我們婆媳關係相處得非常融洽的關鍵。當然一般情況下，我是不怎麼睡懶覺的，自己也算是個勤快的媳婦，並不會等著婆婆什麼事都準備好，只管吃現成。我也體諒她身體不好，在我家，我一般都不讓婆婆做家事，儘管她總是閒不住地這擦擦那掃掃。

　　盡己所能地付出，並不計較愛的多少，婆婆從不偏袒兒子，我也從不在老公面前說他媽媽的不好，那份愛的懂得，成為我們婆媳相處之道的默契。

　　而充分的交流，更是我與婆婆之間良好相處的法寶。

　　許多婆媳，都會在背後指責對方；或者當著面也指桑罵槐，是心中積鬱的一些小小怨氣，成為她們不能和睦相處的罪魁禍首。

　　許多婆媳表面上維持著平靜，背地裡暗流湧動。婆婆會對兒子說：「你媳婦這麼懶惰，又不理家，只顧自己穿得美麗，買那麼多衣服，總是浪費錢。」又或是替兒子出主意：「你要管著她點，不能讓她騎到你頭上欺負你。」

而媳婦也會小心眼地給老公說：「你家媽媽連一杯檸檬水都要等著你回來了，才肯倒出來喝。你在家時天天早上煮雞蛋給你吃，可是一旦你出差，她就不會給我煮蛋了。你晚回家，她馬上就從屋裡出來為你熱好飯菜；可是我晚下班，你媽就讓我自己去熱飯吃。」諸如此類的抱怨，兩個女人都找到同一個男人告狀，這個男人也並不能像法官判案一樣，清楚明瞭，只有兩面討好，裡外難做。

　　而我和婆婆的關係，似乎從一開始就相互欣賞、尊重。就是在我和東才開始交往時，婆婆也沒把我當作外人，為東的姊姊做睡裙的時候就想著也要給我做一條；為姐姐添置什麼女人用品時，婆婆也會想著有我一份。

　　相互間的不設防讓我們的關係從一開始就非常融洽，沒有絲毫的對立。我對婆婆懷著感恩之心，是她養育了兒子，讓我和她的兒子能夠共結連理，更何況，婆婆一直以來忍受著病痛，獨自帶大兒子，可以想像這個倔強的孩子在小的時候她是多麼操心，她和普天下所有的媽媽一樣，和我的媽媽一樣，她們曾經的辛苦，唯有自己做了父母之後才能體會。而面對含辛茹苦的母親，我們有什麼資格去找準一切機會向她找麻煩，向她發難，甚至臉紅脖子粗。愛人的母親，理所當然就是我們自己的母親，絲毫不要懷疑。

　　其實是那些頭腦裡固執的念頭，讓我們不能與婆婆和睦相處，區別對待自己的母親與婆婆媽，成了我們不能相親相愛的原因。

　　在辦公室裡，當女同事們說起自己的婆婆，都一個腔調，婆婆真的不能和自己的媽媽相比。

　　的確，婆婆就是婆婆，不能和自己媽媽相比。可是幹嘛要和自家媽媽相比呢？不同的關係，我們用一樣的愛和感恩去笑對，有沒有人試過，是否會不一樣？

其實，很多婆媳關係不和，對對方的不滿意不過就是一些日積月累的一堆小事情，可是這些小事像疊磚頭一樣，一天天地築起了阻隔彼此的厚重的牆，將婆婆與媳婦隔得開開的，也許兩人都在兩邊叫囂，互相對對方都有意見，可是不撕破臉皮的她們，就在這樣厚厚的牆後偷懶過日子，只要不住在一起，只要不天天在我耳根邊念叨，我就忍了。那天天住在一起的，早就失去耐心的，會紅著臉叉著腰，大吵一架，而後在低頭不見抬頭見的日子裡，讓老公成為那塊難受的夾心餅乾。

　　那些不愉快的經歷，那些如飯碗裡掉進一個蒼蠅一樣噁心的小事，可以變大，也可以化小，當我們改變自己，試著去了解這個與我的生命有著密切關係的女人，或許廚房也可以成為你們兩個女人的陣地，當生活的麻辣鮮香都全盤接收，不帶一絲成見，或許和婆婆做朋友並沒有那麼難。

第七章
兒子的突降臨，謝謝婆婆

年輕的無畏，有時會讓我們品嘗苦果

　　媽媽轉身出去了，我淚眼婆娑地看著似乎更理解我的婆婆，總是更覺得委屈，淚水不禁就下來了。婆婆總是撫摸著我的肩，像擁抱自己的女兒一樣抱著我，然後低聲對我說：「也理解一下媽媽，她總是為妳好的。看妳吃不下東西，也是很著急。她也是擔心孩子和妳嘛。不要哭，坐月子哭會落下病根的。」

　　婆婆在我們婚後從不催促我們要小孩，而年輕的我們也根本不想早早地用孩子來束縛自己，於是結婚三年以後，我們才選擇了期待新生命的到來。

　　而婆婆總是有靜待一切變化的能力，她總是那麼順從地接受生活所賜予的一切，她總相信，我們會在想要孩子的時候擁有自己的孩子，她也會有自己的孫子。本該是最等不及的她，卻給了我們年輕人足夠的自由去揮霍時間。

　　現在每當陪兒子去社區裡玩時，看到他瘋跑、瘋玩，要一路瘋狂到天上去的樣子，我總是會不由自主地想到婆婆。老實說，如果沒有婆婆，我不知道我的兒子現在是哪種狀況；準確地說，如果沒有婆婆，就沒有眼前這個健康的孩子。

　　果兒喜歡騎著腳踏車和社區裡的孩子你追我趕，他總是騎在最前面，帶領著他的「車隊」在社區綠樹成蔭的樹叢中，林蔭道裡鑽來鑽去，靈活自如。此時，他的協調能力、運動能力與一般的孩子一樣。

　　當果兒在社區幼稚園前的滑梯和小朋友捉迷藏時，只要我在，果兒總是在我面前逞能地跟小朋友說：「我自願當『貓』。你們快跑吧，我來抓你

們。」這個「貓」當得並不容易，當「貓」的人在捉四處逃散的小朋友時，腳是不能落地的，否則視為犯規。因此，「貓」的雙腳只能踩在溜滑梯邊上的欄杆來回地挪動，或是從欄杆的這邊翻到那邊，總之，如果腳落在溜滑梯的地上，就是抓到小朋友也不算勝利。

我看著當「貓」的兒子身形靈活地在溜滑梯的欄杆間上竄下跳，左翻右爬，他鬥智鬥勇地並不使用蠻力，並不在最寬敞處去捉那些四處逃竄的小朋友，而是略施小計，將待在靠近溜滑梯的小朋友逼到溜滑梯的滑道裡，再守住只有一個出口的滑梯口。按照規則，這個小朋友如果將腳落在溜滑梯下的地面上，那他就算輸了，因此這個小朋友要麼下溜滑梯，要麼上來被守在門口的兒子抓住，兩種方式，他都會輸。因此，這樣一來，兒子當「貓」的短暫生涯也便宣告結束。

看著身體靈活得像一隻可以上房揭瓦的小猴子的兒子，我站在旁邊，不停地叫他慢點、慢點，但果兒還是用他的方式努力地攀爬，跳上跳下，直到把小朋友逼下溜滑梯，他才沒心沒肺地咧著缺牙傻笑，舉起兩根手指頭，向我做著勝利的手勢。然後大笑著問我：「我是不是很厲害？」我也笑著豎起大拇指，為他的快樂感到快樂。

看著今天的兒子，能跑能跳，身形靈活，只要放他出去玩，他可以將頭髮都跑得立起來，而我這個跟在他身後的老媽，卻時常在心底感念我的婆婆，感激婆婆為兒子所做的一切。

兒子是早產兒，在我肚子裡只待了八個月就急急忙忙地出世了。後來自己分析，可能是因為懷孕期間不注意身體，工作太過勞累導致的早產。年輕氣盛的自己當時做著部門主管，在公司上司安排事情下來時，總是一手包辦、事無巨細地執行，仍然按照平常的工作方式和工作時間努力完成

工作。而且我也不想別人認為我懷了個孩子，就顯得太過嬌氣，所以在對待工作上，仍然是和沒懷孕時一樣，絲毫沒有要求減少工作任務。

懷孕七個月的人，卻堅持著只提前一個月再休息。那段時間正是公司最忙碌的年底，當時所在的保全公司年底的各種計畫，對來年租金收取的預測，對如何保障公司計畫的順利完成，整個市場幾百家客戶，我挨家挨戶地做著詳盡的分析和預算。那時的我對工作不懂得拒絕，不懂得分攤，只在乎上頭吩咐下來，按時且完美地完成任務就是了。在公司做不完，就帶回家做，往往夜裡會工作到十二點也不眠不休。

雖然身體並未感到疲累，可是身懷六甲的身體在悄然地發生著一些變化，自己根本沒察覺。

2002 年 12 月 28 日晚，當我半夜起來上廁所時，羊水突然如壞了的水龍頭般嘩嘩地從身體裡流了出來，在裡屋睡著的東，也聽到了我身體突然流水的聲音。這是早產的訊號，我們急忙簡單地收拾了幾樣待產的衣物，馬上坐計程車去醫院。到了附近的一家小醫院，夜班醫生慢吞吞地起床幫我檢查，在得知我是早產後，她建議我們到市區醫院去，否則孩子早產出來如果有什麼情況還得轉院。

於是我再次冒著羊水繼續流淌的危險輾轉到了一家大醫院，到了醫院，醫生讓我立即躺在床上，墊高腳，頭放低，整個人倒躺在病床上，以免羊水再流出。

第二天一早，照超音波，照心電圖，做各式各樣的產前檢查，其實每一次搬動都無法阻止羊水流出，我只能一動不動地倒躺在病床上，雙腿墊得高高的，整個人像倒掛起來一樣。醫生在看了超音波、心電圖等多項檢查結論後，給的答覆是安胎，還振振有詞地說：「孩子在肚子裡，多待一

天出來都要好帶一些，能多安一天是一天。」

於是，醫生的處理是給我打安胎針，讓我不再有生產的相關跡象，我沒有陣痛，除了身體稍微動一下，羊水就要出來外，我沒有任何其他感覺。我就那樣一動不動地躺著，護士每隔一個小時會來聽一次孩子的心跳，偶爾她會拿聽診器讓我聽聽孩子的胎心，作為媽媽的我，聽到孩子那麼有力的心跳聲，也會心懷感激地覺得，為了孩子，我就這樣不能動彈又有什麼？最重要的是，孩子活潑有力的心跳，給了我無盡的力量，媽媽因此受的這點罪又算什麼呢？我第一次真正感覺到身為母親的無畏，為了孩子，我什麼都願意；為了孩子，我一動不動靜待他的出世，勇敢地面對著身體上的變化和不適。東一直守在我身旁，和我一起等待著一個新生命的來臨。

第二天上午打電話告訴主管我在醫院時，主管氣急敗壞地說：「那什麼時候來上班？」他還想著我還有幾天才能休息呢，我不太高興地說：「來不了了，跟你說我在醫院的。」他居然還問：「怎麼來不了呢？」他仍然以為我只是去醫院檢查，因為距離預產期還有一個月那麼久。我不客氣地說：「我馬上就要生孩子了，來不了了。」他這才聽懂我的話似的掛了電話。

原來，地球真的少了誰都會轉的。我沒有任何安排和交接，工作也順利地由別人接手。年輕的我們，會天真地以為所有的一切都可以以年輕為代價，年輕就可以揮霍時間，包括身體。直至孩子早早地來到人世，才懵懂知道點滴，年輕也並不是無所不能，可以無所畏懼。有些東西，其實正是因為年輕，我們不計後果地做事，卻要終身品嘗由此帶來的惡果。

而我差點就品嘗到了年輕無畏帶來的惡果。

從我進醫院的凌晨到第二天下午一點多，醫生都下醫囑說安胎。後來我們在醫院委託了熟人，那個經驗豐富的醫生過來看我，在看了我照的超音波後，立刻決定手術，她說：「羊水都那麼少了，還安什麼胎？」她用簡單的道理為我們講解：「正常的孕婦子宮裡會在四處有羊水，而妳現在有三處都已經沒有羊水了，剩下那一處羊水，已經非常少了，如果再不剖腹產，孩子在肚子裡會有危險。」

我不知道之前的醫生是如何作出保安的結論的，她一直對我灌輸，多安一天，孩子在肚子裡大一些，等他生下來會好帶一些。可是她似乎沒想過，在孕婦子宮只有極少的羊水量的情況下，是否能保住孩子的性命，或是否會給孩子帶來種種後遺症？

前一夜守了我一晚上的東剛剛回家睡覺，又被叫回來簽一堆字，然後等待馬上手術。兒子出世了，早產，只有 2,600 公克。在醫院的保溫箱裡住了一晚的兒子，因為呼吸各方面生命徵象都很正常，第二天便順利來到我的病床前。我們對這個小人呵護有加，醫生囑咐要注意保溫，因為時值冬天，早產兒最重要的是不能感冒，怕有生命危險。

兒子自生下來，一點不折磨人，吃了便睡，醒了要吃、要拉，都很簡單，也從不黑白顛倒地睡覺。我和東晚上輪流照顧他，有時，他起來為孩子換尿布，有時起來幫他餵奶。那時東白天要上班，晚上也時常加班到很晚，回來得晚的他正好替孩子餵奶。

在我坐月子的日子裡，媽媽負責幫我照顧孩子，而婆婆專門負責我的飲食。早在我懷孕的時候，婆婆就叫鄉下的親戚為我養了三十隻土雞，在我生完兒子之後，婆婆就讓親戚把那些土雞載過來，一併放在她家的陽臺，說讓我每天吃一隻雞。可想而知，婆婆家那個小小的陽臺會髒成什麼

樣子，臭成什麼樣子，婆婆每天都想著為我抓一隻雞來，讓我天天喝雞湯，但是我的確沒有那個能耐。

出於我吃得慢，婆婆家的陽臺在那個月裡一定是臭氣沖天，可是婆婆絲毫沒有罵我這個媳婦那麼不能吃，反而想著辦法換著花樣弄吃的給我，今天弄雞湯，明天弄鴿子湯，後天弄甲魚湯，變著花樣翻新地替我做營養餐。

不過，我的食量和以前並沒有兩樣，一直不像別的媽媽一樣因為生了孩子而能吃能睡。因為晚上照顧兒子，幫兒子餵奶，換尿布，讓我筋疲力盡。於是白天總是昏頭昏腦地睡，也是因為兩個媽媽在這裡，為我照顧寶貝，我總是放心大膽地睡得個昏天黑地。

於是，老是覺得，每次睡醒的時候，總是見到媽媽推門而進，而她手裡必然端著有大塊雞肉的雞湯，或是兩個新鮮的荷包蛋。有時會因為剛剛睡醒，睜眼便見到媽媽端一碗東西進來，而倍感厭惡，於是會和媽媽拌嘴，媽媽也是恨鐵不成鋼般恨我吃那麼點「貓食」。

有時，媽媽會對著我發脾氣，罵我不吃東西，哪來母乳，我的確沒有多少母乳，有時非常費力地擠，也不過擠出 30 毫升的母乳來。

從沒當過媽媽的我，以前總是以為所謂的餵奶，只要將乳頭塞進孩子的嘴裡，他只要吃就好了。當了媽才知道，事實並非如此，孩子要將乳頭緊緊地含在嘴裡才能吮吸。而兒子總是不能含緊我的乳頭，我也不知是兒子先天不足所致，還是我餵奶姿勢不正確造成的，所以原本在別人看來很輕鬆的餵奶，在我這裡總是要大費周章，出一身大汗，依然還沒有讓寶貝吃到母乳。

那時我要餵奶時，媽媽總是一個非常能幹的助手，用盡一切辦法來幫

助我，將枕頭墊在手臂下，或者將我的手抬到哪個高度，然後用非常期待的眼神望著我，伴隨著非常期待的聲音問我：「這樣吃到沒有？」、「這樣像是吃到了。」但通常情況下，我和媽媽在這個問題上費盡了心思，做盡各種輔助動作，而結果卻常常是我們兩個如表演的小丑，使盡了各種力氣，孩子依舊吃不到一滴母乳。

　　媽媽常常洩氣地說：「看妳吃得那麼少，當然沒有母乳了。」我也知道母乳餵養好，可是我真的吃不下那麼多，我也沒有辦法。如同嚼蠟的死扁扁的雞肉，沒有什麼味道的雞湯，讓我這個平時喜歡吃大麻大辣的女子，很難將這些食物吃得津津有味。

　　面對媽媽不時的怒火與責備，剛生了小孩的我突然變得脆弱而小氣，也會和媽媽頂嘴，有時說著說著就會流下眼淚。媽媽也在一邊氣呼呼的，不能理順那口氣。這時候，婆婆就要進來勸我們兩個女人，她跟我媽媽說：「剛生完孩子的人，很容易得產後憂鬱症，因為身體的很多特徵都和以前不一樣了，會有很深的失落和不自知的變化。妳也不要太心急，能吃多少是多少吧。」媽媽轉身出去了，我淚眼婆娑地看著似乎更理解我的婆婆，總是更覺得委屈，淚水不禁就流下來了。婆婆總是撫摸著我的肩，像擁抱自己的女兒一樣抱著我，然後低聲對我說：「也理解一下媽媽，她總是為你好的。看妳吃不下東西，也是很著急。她也是擔心孩子和妳嘛。不要哭，坐月子哭會落下病根的。」婆婆輕言細語，和風細雨的幾句輕描淡寫的話，讓我又鼓起勇氣將婆婆端進來的雞湯一飲而盡。在這個時候，我反倒覺得性格急躁的媽媽，反而更像他人所說的婆婆那樣和我作對起來，而婆婆更像自家媽媽一樣理解女兒的苦衷，這種感覺真是很奇怪。

　　媽媽一直堅持讓我母乳餵養，我也盡己所能地配合。可是有一次，媽媽將寶貝抱來餵奶，看到最後連血都吸出來了，還是沒有吸到幾滴奶時，

才完全打消了讓我母乳餵養的念頭。

於是，兒子兩個月後就離開我，回到媽媽家，我也重新開始了我的上班生涯。

家人的愛，讓我們共度難關

兒子三個多月時，每週回家看兒子，我都在觀察他的變化，在這個時候本應腦袋穩穩立起的他，卻總是搖搖晃晃地不能完全抬頭。我有些擔心卻依然耐心地等待著，可是過了一週又一週，小傢伙到了四個月，仍然不能非常穩定地抬頭。每次我總是很疑惑地問媽媽，按照書上說，四個月的小傢伙應該能夠穩穩地抬頭了呀，可是果兒的頭為什麼依然是那樣搖搖晃晃地搭在肩膀上？媽媽總是說：「他本來就比別的孩子早生一個月，可能在發育上也會比別的正常的孩子晚一些吧。」我想想也許就是如此，但心中始終有些疑惑。

不久，婆婆來看果兒，她看孩子還是不能正常地抬頭，於是就和媽媽一起把果兒帶到兒童醫院去檢查。雖然之前一直在附近的醫院做著兒童健康照護，可是那些醫生只管替孩子量頭圍、體重、身高等身體數值觀測，而關於兒童的階段性發育的其他指標，卻是絲毫沒有涉及。因此，雖然兒子一直在做兒童照護，卻沒有任何醫生向我們建議，兒子的大動作發展實際上是不正常的。

一到兒童醫院，醫生除了日常的身體數值檢查外，還做了大動作的檢測，醫生讓兒子趴在小床上，他自然地將兩隻小手撐在胸前，可是握成兩隻拳頭的小手，讓他無法支撐起身體的重量，兒子的頭無可奈何地趴在了

小床上。他想抬起頭來，一遍遍地，似乎也做了種種努力，可是依然不能將頭高高穩穩地抬起來。

醫生又將兒子抱起來靠牆坐著，看他的一雙小手，他們發現他的手緊緊地握著拳頭，並不肯像這個年齡段的小朋友那樣自由地張開。頗有經驗的兒科醫生，並沒有立即作出判斷，而是讓婆婆和媽媽帶兒子去照個腦部斷層再說。到六十歲都從未在醫院吊過點滴的媽媽，對這種檢查總是嗤之以鼻。而久經醫院各種檢查、手術，一生都在醫院間奔波的婆婆卻堅持讓孩子做個全面的檢查。

檢查的結果嚇人一跳：兒子有水腦症。

水腦症這樣的結論，後面跟著一個更嚇人的診斷：可能導致腦性麻痺。媽媽們帶兒子去檢查那天，我依然在上班，我仍然記得，當我接到婆婆的電話，聽到這樣的結論時，我馬上淚流滿面。當時我剛到一個新公司工作，趴在桌上我就哭了起來。身為一個母親，眼見自己的孩子患病，卻無能為力，那種無助，恨不得自己就是兒科醫生，能真正知曉孩子究竟是怎麼了，能親自為他看病治療。事實上，當時的我除了哭泣之外，毫無辦法。

等我冷靜下來，我開始打聽有哪個朋友的熟人在兒童醫院工作，我想真正知道孩子的病如何才能治好，如何才能讓他像個正常的小朋友一樣行走跑跳，讓他的一生不至於一直生活在別人異樣的目光下，這關係到孩子的一生，我給了他生命，我不能就這麼看著他還沒有花開，生命的色彩就黯然失色。

好在，我有相親相愛的一家人。身為孩子母親的我，責無旁貸地必須變得堅強，而且愛我的家人，一直在我身後，默默、無私、有力地幫助著我，在這場與病魔作鬥爭的過程中，一家人齊心協力地想辦法，為孩子的健康而努力。

兒科醫院的醫生告訴我們，孩子小，發現早，可以做引流手術，也就是在太陽穴上面的位置開個小洞，然後將腦積水引出來。可是，當爸爸和醫院神經外科的教授商量時，這邊的醫生建議保守治療。這位教授向我們舉例說，他們醫院有個教授的孫子和我兒子的病情差不多，經過保守的高壓氧治療，現在十歲了，能跑能跳，也聰明伶俐，以前的病症對他的成長並沒有產生影響。

　　我始終想知道，為什麼我兒子會得水腦症，為什麼他會出現這樣的狀況。醫生解釋說：「孩子因為早產，在醫院安胎的那一天多的時間，其實是比較危險的。可能是羊水驟然減少，讓肚子裡的寶寶腦部缺氧造成的。」聽著這樣的結論，我真覺得醫生這個神聖的職業，他們的每一個醫學判斷，每一個結論，都影響著一位孕婦以及她的孩子的生命安全。不僅如此，如果判斷失誤，也許會影響孩子的一生。而作為醫生的他們，是否應該仔細又仔細，認真又認真呢？而無辜的我們，卻要承受他們誤判帶來的所有後果，甚至如果不能及早地發現，並及時有效地治療，孩子本該美好的一生都會因此而被毀掉，想來真是可怕又可怕。一家人細細地商量後，還是覺得一個四個月大的孩子要做腦部手術，風險過大，太過危險。最後全家人一致通過，選擇保守治療：做高壓氧。

　　對於做高壓氧，醫院有明確的規定，孩子必須固定一人陪伴，提前三十分鐘到高壓氧艙外等候。當時正值 2003 年「SARS」盛行，醫院每天都要對抱孩子去的媽媽量體溫，如果體溫超過 38 度，就只能將孩子抱回去。媽媽總是怕因走得太急而造成體溫上升，所以每天早早地出發去醫院。那時，醫院離家有將近一個小時的車程，媽媽總是六點一過，天微微亮就出發去醫院，而我這個做母親的除了星期天和媽媽一起去醫院陪孩子做一次高壓氧外，別的一點忙都幫不上。

所謂高壓氧，就是在一個密閉的高壓艙裡，透過管道將純氧或淨化壓縮空氣輸入高壓氧艙，有自主能力的成年人，就坐在一排椅子上，戴著氧氣罩接受治療，艙外醫生透過觀察窗和對講器與病人聯繫。而像兒子這樣無法自行坐立的兒童，就只有趴在一個密閉透明的如一個小箱子式的櫃子裡接受治療。媽媽也坐在壓力艙裡，陪著趴在透明箱子裡的兒子。透過透明箱，可以看到趴在裡面的兒子。

　　媽媽有時會跟我說起她在壓力艙裡看著兒子時的那種無力感，當她看到寶貝在裡面無助地或躺著，或趴著，或用小手觸碰透明的櫃壁，流露出萬分孤獨的眼神時，媽媽總是會傷心地流淚。媽媽會在心底默念：我們一家人一生都沒有做過任何缺德的事情，我們不會遭報應的，孩子一定會好起來的。

　　媽媽帶著兒子，持續做了一個月的高壓氧，不管颱風下雨，從不間斷。

　　看著媽媽對兒子盡心盡力地照顧，我總是充滿感激。每當遇到困難時，我總是欣慰我有如此好的一雙父母，有如此好的婆婆，我們沒有被困難嚇倒，我們一家人反而因為這些困難緊緊抱成團，是那些困難讓我們見證了一家人在一起的力量。如果只有我和東去面對所有的困難，如果讓我不工作去陪伴孩子治療，我不知道我是不是可以支撐下去。

　　兒子做了兩三天高壓氧之後，情況便有明顯好轉。他的小手從緊緊捏著的拳頭，慢慢地自然地張開了，當我們用一些顏色鮮豔的玩具去逗他玩時，他會伸出小手來自然地想抓了。而他的頭也慢慢地能夠穩穩當當地抬起，不再搖搖晃晃了。兒子的活潑程度比以前大有好轉。我們確信這樣的治療對孩子的確是有用的。於是，那一個月，媽媽和婆婆都住在我們家，

我們家小小的兩房一廳也因此頗有人氣。

與其說一家人圍著孩子轉，不如說，所有的老人都在圍著我們夫妻兩個人轉。我和束要上班，沒有更多的時間陪伴孩子去看病，他們所做的一切都是在為我們減輕負擔。

每天，媽媽陪兒子去做高壓氧，公公有時也會陪同媽媽去醫院，為兒子帶著一些衣服、紙尿布什麼的，兩個人一起有個照應。而婆婆就在家裡負責我們全家人的一日三餐。

因為只有兩間臥室，婆婆平時就睡在客廳的沙發上。公公也幫助婆婆從家那邊買些菜過來，週日如果休息，我就會陪著孩子去做高壓氧。

因為醫院高壓氧艙規定只能由固定的人員陪同進去，所以我就是陪兒子去醫院，也是不能進高壓氧艙的。當媽媽陪著孩子去高壓氧艙時，我就坐在外面等。

在氧艙的門口，總是會看到一些等待做高壓氧的孩子們。那些孩子，大多是三、四歲，他們的身高在 100 公分左右，看上去與普通的孩子沒什麼分別，不過，他們的頭一直垂著，抬不起來，就連說話也是低著頭，嘴裡喃喃自語地，不知他們在說些什麼。有些孩子的手彎成月牙狀藏在身後，不能自然地放於兩側。有些孩子望著身邊的孩子純真地笑。可是這樣的笑，在我看來是一種辛酸，一滴淚，看到他們，再想想自己的孩子，如果長到三、四歲仍然像眼前的他們一樣，那我該是多麼著急和焦慮啊！而看著眼前的他們，對於做母親的我來說，心底的那份憐惜與疼愛，也是油然而生，並且不可遏制地深深憂傷。

坐在門口的婆婆們，總在一起討論如果哪裡有神醫可以治癒她們的孩子，她們寧願對著醫生下跪，寧願傾家蕩產，不惜一切代價。可是，天下

沒有那麼多能手到病除的神醫，有些醫治的機會，錯過了就是錯過了，命運不會公平地對待每一個人。

　　當家裡有病孩子時，我才知道那種對於大人來說的揪心的痛。有孩子的家庭都知道，家裡孩子有個頭疼腦熱，發燒吊點滴什麼的，一家人尚且急得團團轉，更別說遇到像「腦性麻痺」這樣有可能影響孩子一生的病症，對於一個家庭來說，頭頂那片烏雲般的黑暗將伴隨孩子和大人的一生。

　　那些孩子到 3 歲時，仍然不能抬頭，大都是因為病情發現得太晚，沒有得到及時有效的治療所致。也許，他們一生都將低著頭走路，他們的手也許一生都會不得已地彎著，悄悄地背在衣角的後面；也許，他們一生都將捏緊拳頭，一生都將一瘸一拐地走路；也許，說話會詞不達意，或是語速緩慢。

　　每個人腦袋裡那些神奇的經絡，像一個個指揮官，指揮著一個人的肢體行為，那些看不見的力量，支配著人一生跑、跳、行、語這些看似最基本的生存要求。

　　有病孩子的家庭一生都將耗在帶著孩子四處求醫的途中，痛苦而沉重地陪伴孩子慢慢長大。家長們唯一能做的就是試遍各種醫療手段都不放棄，家徒四壁也在所不惜，父母的良苦用心，只是希望有朝一日能看到奇蹟發生在自己孩子身上。自家的孩子能像別人的孩子一樣，跑跳自如，擁有別的孩子輕而易舉得到的健康，每日祈禱著想要實現的不過是別人眼中最基本的需要。

　　而那些擁有健康身體孩子的父母，又開始向孩子要學習成績，要求不輸在起跑線上。要知道，孩子的快樂，幸福的人生，並不是父母以為的樣

子，而是孩子自己想成為的那個人。每個人的欲望總是那樣強烈，這樣的欲望甚至會衍生到孩子身上。

那個時候，每當看到從我身前跑過的健康孩子，看著他們歡樂的笑臉，聽到他們銅鈴般的笑聲，我就會無比心酸地想到在裡面做高壓氧的兒子，他的一生究竟會怎樣？這樣的治療是否能確保他的腦積水全部消除，讓電腦斷層中的陰影消失得一乾二淨，讓我的孩子可以和同齡的孩子們一樣跑跳自如，能夠充分享受屬於他的快樂童年、快樂人生？

兒子在四個月和十個月時，分別堅持做了兩個月的高壓氧治療。還好，老天保佑，兒子在他一歲時，就能用清脆的童聲清晰地叫我「媽媽」；在一歲零三個月時，兒子能穩穩當當地走路了。我還記得，兒子第一次說的四個字竟然是一齣節目名。也許媽媽當時喜歡看這個節目，無意之中，兒子就學會了這個詞。當我回到家，兒子相當清楚地跟我說出四個字時，我高興極了。兒子的語言表達能力和大腦運動量絲毫不比同齡兒童差，我們懸著的一顆心幾乎可以落地了。

儘管孩子後來的種種表現都與其他同齡孩子無異，可是為了讓家人那顆懸著的心穩穩落地，我們在兒子一歲半的時候再次去醫院為兒子做了腦部斷層檢查。檢查完畢，站在門外等待結果的我，心撲通撲通地亂跳，那種忐忑有著等待命運審判的凝重。謝天謝地，檢查結果是：一切正常。兒子腦部積水的陰影全部消失了。

那一刻，我幾乎喜極而泣。拿著那寶貝一樣的診斷書，我笑了。我和陪我一起去的媽媽相視而笑，媽媽像個先知似的說：「我說沒問題了吧，我們一家人又沒做過缺德事，孩子當然不會有事的。以後再也不來照腦斷層了。」一輩子都沒打過點滴的人，對醫院總是抗拒了又抗拒。不管此時

151

媽媽說什麼，我都不會反對，事實上果兒真的好了。

這是一家人不服命運擺布而抗爭的結果，我們勝利了。

我打電話給婆婆告訴她這個好消息，婆婆也高興得立刻來家裡看果兒。一家人坐在那裡，看著果兒這個主角跑來跑去，都覺得幸福得不得了。只有我們一家人知道，這一天的到來對我們來說意味著什麼。

感恩生活，吸引來的好日子

婆婆和我說：「我終於等到了這一天，看到了兒子的兒子，並且看到孫子健康活潑，聰明伶俐。原以為自己得了那麼久的病，很可能等不到這一天了，可是沒想到我不僅看到了孫子出世，還看到孩子在慢慢長大。是你們給了我生的勇氣，活得再難也要勇敢地活下去，不是苟活著，而是有追求地活著。」

現在，兒子已經十歲了，玩滑板、騎腳踏車、溜冰、打乒乓球，他的大動作以及身體的協調能力都相當不錯，頭腦也非常靈活。曾經的「腦性麻痺」患兒的陰影，早已遠遠地離開了他。

而對於這一切，我無比地感謝婆婆，是她堅持為兒子做檢查，給了兒子一個春天，讓我沒有陷入需要陪伴殘疾孩子度過此生的命運。我們的家裡始終充滿歡笑，因為孩子的到來，因為孩子健康。

我仍然記得，兒子兩歲時，我們一家人在一起過年，在外地的外婆也來到我們家，一家人其樂融融地放起了音樂，圍坐在一起。果兒在聽到音樂之後，開始對著音響扭起了屁股，把雙手叉在腰上，將小屁股一扭一扭地左搖右擺，還轉著圈圈地隨著音樂有模有樣地跳起舞來，一家人都因為

他可愛的動作哈哈大笑。可是果兒卻是一副一本正經的樣子，有那麼多人看著他笑，他也沒有覺得不好意思，繼續沉醉在他的舞蹈裡。兒子一邊跳還　邊要找人陪他，一會兒拉著我外婆叫：「阿祖，來跳舞嘛。」我八十二歲的老外婆在他的帶動下，也起來和果兒一起扭起了腰桿，一老一小隨著音樂左右搖擺著身子，再次惹得大家哈哈大笑。一會兒，果兒看著爺爺走到門口，以為爺爺要走，又急急忙忙地去把爺爺叫住：「爺爺，不走，來跳舞。」

我用手中的鏡頭錄製著眼前的一切，這來之不易的一家人的歡笑，以及孩子的每一步成長，都讓我覺得幸福。在鏡頭之內，婆婆的笑最為燦爛，她一直用帶笑的目光關注著孩子，用她的方式在默默地愛著他的兒子，愛著我和我的兒子。

婆婆和我說：「我終於等到了這一天，看到了兒子的兒子，並且看到孫子健康活潑，聰明伶俐。原以為自己得了那麼久的病，很可能等不到這一天了，可是沒想到我不僅看到了孫子出世，還看到了孩子在慢慢長大。是你們給了我生的勇氣，活得再難也要勇敢地活下去，不是苟活著，而是有追求地活著。」

每每聽到婆婆說這些話，我都無比感慨地想：那些要輕生的人，有什麼權利就這樣放棄生命，命運再怎麼不濟，沒有病痛折磨，也就一定有屬於自己的好人生。

也許這個世界並不如我們想像中的那樣溫暖和明亮，沒有完美的世界，也從來沒有完美的人生，人之一生，有可能經歷病痛、傷害、背叛、陷阱、不公，生命時常七彎八拐，似乎總也轉不到好運的年輪。我們經常跌落在自製的黑洞裡，怎麼努力都爬不出來，於是悲觀地想天外的那片

天，也一定是黑暗無比。但有時僅僅是一束光，亦給予我們無窮的動力，試著去融化內心的堅冰。

善待自己，感恩生活，是我從婆婆身上學到的。我想我是永遠不會主動放棄生命的，因為婆婆。

余娟在身患乳癌晚期時寫下《此生未完成》一書，她在書中寫道：「就是被萬人唾罵，衣衫不整，也要在淮海路上看著孩子每天上學的背影，也知足了。」看到這一段時，讓我想起了婆婆。也許在年輕時，患病的她，對於生之渴望，不過就是陪伴一雙兒女成長這樣簡單，不過就是祈禱與家人相伴一場的時間長些，更長些。

這就是她的生之理由，生命可以如秋之靜美，可以如春之豔麗，可以如冬之優雅，也可如夏之濃烈，無論選擇哪一種，其實每個人都可以活出自我，活出獨特，活出愛和尊嚴。

而很多人放棄垂手可得的幸福，很多人總以為幸福在彼岸，誰知曉，幸福就在身邊，觸手可及。幸福是個比較級，總是比上不足，比下有餘。對於生病的人來說，幸福就是擁有健康；對於失業的人來說，幸福就是找到工作；對於失戀的人來說，幸福就是能得到愛人的垂青；對於流浪漢來說，幸福就是有個避雨的屋頂；對於失去親人的人來說，幸福就是與親人共用一頓晚飯……其實任何一點小小的擁有，都可以刺激你的幸福欲望，都使你擁有幸福的砝碼，當你把自己覺得幸福的理由一個個地累加上去時，你會發現，那沉沉的天平一端，足以對抗另一頭的失落、傷懷、埋怨、憤怒等悲情的元素。

作家龍應臺說：「幸福就是，尋常的人兒依舊。在晚餐的燈下，一樣的人坐在一樣的位子上，講一樣的話題。年少的仍舊嘰嘰喳喳談自己的學

校，年老的仍舊嘮嘮叨叨談自己的假牙。廚房裡一樣傳來煎魚的香味，客廳裡一樣響著聒噪的電視新聞。幸福就是，早上揮手說『再見』的人，晚上又回來了，書包丟在同一個角落，臭球鞋塞在同一張椅下。幸福就是，頭髮白了，背已駝了、用放大鏡艱辛讀報的人，還能自己走到街角買兩副燒餅油條回頭叫你起床。幸福就是，平常沒空見面的人，一接到你午夜倉皇的電話，什麼都不問，人已經出現在你的門口，帶來一個手電筒。幸福就是，在一個尋尋常常的下午，和你同在一個城市裡的人來電話平淡問道：『我們正要去買菜，要不要幫你帶雞蛋牛奶？你的冰箱空了嗎？』」

幸福就是由這樣一個又一個的碎片組成，你把它們收集起來就是一個萬花筒，有過跌落，也有高潮，你不過就是一個載體，經由你的身體去體驗、去感受，然後感激、感恩，周而復始，良性循環，生的美好，也許就會變成每個人對生命解讀的不同方式。

婆婆正是用幸福的碎片將自己的一生包裹起來，然後將自己幸福的汁液分享給周圍的其他人，用她最溫柔、最體貼的方式，將孩子們擁在她周圍，抱成一團。

婆婆對孫子的愛，不僅僅表達在對他衣食上的照顧，還盡她所能地帶孩子去見識，關心他的成長，陪著他一起成長。

新的捷運線通車了，婆婆會帶兒子去坐一坐，體會一下在「天上」飛的感覺。善於嘗試，對一切新鮮事物抱著未知好奇的態度，正是婆婆能日活日新的關鍵。

兒子讀大班那年，學校開家長會，婆婆正好到我家來，於是她和我一起去了兒子的學校，然後一起坐在學校大大的教室裡聽學校主任報告，還拿了一袋學校的資料回來細細地看，看到兒子的學校對閱讀非常重視，婆

婆非常高興，連連對我說：「重視閱讀是非常好的事情，可以讓孩子視野
更加開闊。」

兒子也非常喜歡婆婆，每每遇到生病什麼的，就會主動打電話給婆
婆，撒嬌地要婆婆來醫院看他，而婆婆總是大包小包地急急忙忙跑到醫院
來。兒子總是一邊用手摟著婆婆，一邊吃著婆婆帶來的糖，傻傻地笑。也
許他就是想讓更多的人在他生病的時候來愛他吧，小傢伙用他的小聰明，
充分享受著婆婆對他的愛。

我始終相信感恩生活給我們的一切，用信念去吸引好日子的到來，這
是生活教會我們的真理。婆婆並不知道「靈性成長」一詞，可是她用她的
仁愛與恩慈，帶給我們一家人好運。

永遠不能實現的願望，讓婆婆活過來

兒子說：「我想許個願，讓奶奶活過來，讓我們像從前一樣，一家人
能夠在一起。」兒子簡短的話，小小的心願擊中了我內心不願提及的深深
的傷痕，淚直湧上來，我忍了又忍，還是奔瀉而出，在街頭人來人往的人
流中，我抱著兒子，不管不顧地狠狠地哭了一場。

其實，果兒沒有這樣的人生波折，他一樣會感受到一家人對他的濃
濃的愛，在我們的心中，他就是我們唯一的寶貝。

只不過更可喜的是，孩子不僅接受愛，他也適時地向我們回饋他的
愛。一次，兒子在深夜發燒，兩腿酸痛不已，一夜都在叫著腿痛請我幫他
按摩，我就在半睡半醒之間，不停地替兒子揉捏他的雙腿。果兒那一夜也
是半夢半醒。清晨，兒子醒來，嘴裡冒出的第一句話竟然是：謝謝媽媽！

這句話讓那個夜晚突然明亮起來，這小子不僅感知到媽媽的愛，他也懂得說謝謝，懂得感激了，這讓我無比欣慰，他不是一味地在索取我們的愛，在獲得的同時，他知道心存感激。我深以為慰。

婆婆去世時，兒子只有五歲，兒子並不是很懂去世是什麼意思，我們沒有讓兒子去參加婆婆的告別儀式，我也不想讓兒子看到我如何在告別儀式上嚎啕大哭，我不想讓他覺得人生的生死離別是如此悲慘，是如此的痛。從小敏感的他，肯定能感受到那樣的難過。

以前兒子看動畫《一休和尚》，片中的一休在寺廟裡，想起媽媽當初將他送到寺廟裡時的傷心往事，再想到自此後再也無法見到媽媽，一休覺得媽媽不要他了，便坐在寺廟的階梯上哭了起來。我剛剛走到兒子的身旁，並沒有注意到兒子情緒的變化，突然，兒子趴在沙發上傷心地哭起來。我急忙過去抱著兒子問他為什麼哭啊，兒子撲進我懷裡，斷斷續續地一邊哭一邊說：「一休的媽媽不要他了。」說完又是一陣痛哭。我抱著這個善感的孩子，也許他遺傳了我的敏感，他雖然幼小，可是他在用他全部的感官感知這個世界。

不讓兒子參加婆婆的葬禮，也是因為我不想讓五歲的兒子在他的腦子裡記住這樣悲痛的一幕，不願意讓他看到他的媽媽在婆婆的遺體前失聲痛哭，悲痛欲絕，儘管人生必定要經歷這樣的場面，可是我不想讓他幼小的心靈記住這一幕，小小的年紀便去面對人生的無奈。

兒子雖然在我們為婆婆守靈的兩天裡來了，但當時他還小，也搞不清楚是什麼狀況。只知道一次次地去為婆婆燒香，然後在附近瘋玩。而後來在婆婆辦完喪事，我告訴兒子，婆婆去了天堂，我們再也見不到她了時，兒子緊緊地抱著我說：「媽媽，妳別說了，我都要哭了。」說完就傷心地趴

在我身上大哭起來。善良的兒子過早地知道了親人離世的悲哀，儘管這樣的離別對他幼小的心靈來說還沒有多少陰影存在，可是，當他慢慢長大，他始終都記得婆婆和我們一樣，是深愛著他的家人。

後來我們一起去給婆婆掃墓，兒子總是非常積極地參與。在去掃墓之前，果兒會仔細地叮囑我要幫奶奶買菊花喲；叮囑我，是不是還要幫婆婆買鞭炮呢？每次去為婆婆掃墓，兒子都很認真地為婆婆拔掉墓地前的雜草，我教他用毛巾將婆婆的墓碑打掃乾淨。兒子總是一邊擦，一邊望著婆婆墓碑上的照片，靜靜地表達著他的思念。

其實婆婆一直從未遠離，我經常會在夢中夢到婆婆，有時兒子也會說他在夢中也見到了婆婆。有一次，我問他夢到什麼了。他說夢到婆婆來看他了：「她穿著平時經常穿的那件粉紅色帶圓點的衣服（那是婆婆以前冬天在家裡常穿的一件衣服），頭髮和平時差不多，精神很好，她問我在玩什麼，還讓我好好讀書，其他記不太清了。」我想婆婆會想方設法地去看她的孫子，她最心疼的孫子，時間、陰陽都不能阻隔這種親情的相繫牽連，沒有什麼可以阻擋。時間已過去五年，我們依然會在某一天，一家人圍坐在一起，回憶婆婆以前在我們家的事，她從來沒有走遠。

也許在我們家，大家都相互關愛的情緒總是影響著兒子，果兒從小就知道心疼別人，心思細膩。每當我生病時，他會給我畫祝福卡，會在自製的小賀卡上寫下：媽媽，快點好起來。婆婆生病時，他也為她祈福，可是，不知老天有沒有聽到一個五歲小孩的祈禱？

婆婆過世後第二年的國慶日，我們帶兒子去外縣市玩，當時剛上小學一年級的他未滿七歲。在一處廣場中間，有個掛著許多許願牌的小屋頂長廊，長廊密密麻麻地掛滿了來自各地遊客的心願牌。有為家人祈福的，有祈求自己愛情轉運的，或是祈求一生平安的，各式各樣的心願就這樣在這

塊古老的淨土上懸掛著。許願牌下的風鈴被微風吹響，叮噹，叮噹，這讓我想起那藏地的經幡，每當微風吹過，經幡飛揚，經幡上的經文就被吟誦一遍，經文中的祝福就被吹向世界各地喜歡和平與美好的人們心中。而當微風四起，伴隨著叮噹的鈴聲，那些寫滿祝福、祈禱的許願牌是否也可以將我們的祝福與祈禱傳遞出去，讓我們心想事成呢？

　　兒子讓我也買個許願牌，我問他想許什麼願望，兒子說：「我想許個願，讓婆婆活過來，讓我們像從前一樣，一家人能夠在一起。」兒子簡短的話，小小的心願擊中了我內心不願提及的深深的傷痕，淚直湧上來，我忍了又忍，還是奔瀉而出，在麗江街頭人來人往的人流中，我抱著兒子，不管不顧地狠狠地哭了一場。「親愛的婆婆，不管我們走到哪裡，一樣會想起妳。果兒對妳的思念一點也不亞於我，那血脈相連的骨血親情，妳為果兒帶來的健康與一生的幸福，讓果兒心中時刻有妳。」

　　我想這所有的許願牌中，也許每一塊上面書寫的願望都是有可能實現的，唯獨我們寫下的這塊，沒有時間，沒有期限，沒有可能實現。可是我們用這樣的方式在異鄉給婆婆寫下了隻言片語，我們用我們的方式在異鄉思念著長眠的婆婆，我想她是會看到的，會聽到的，每當風鈴響起時，她都會感知到孫子對她的深深的思念，也許她在天上會靜靜地看著這一塊許願牌微笑，直至淚流滿面。

　　那天我們鄭重地寫下了兒子小小的心願，將它掛在了麗江的許願廊下，兒子站在長廊下的一塊石頭上與頭頂的那塊寫給天堂婆婆的許願牌合影留念。鏡頭中的果兒，穿著白色的毛衣，藍色的連帽翻領 T 恤，小手扶著一根木柱，長途的疲憊讓小子的眼睛有了黑眼圈，可是他依然露出羞澀的笑容。準備替兒子拍照的我，再次看著起霧的鏡頭，按下了快門，兒子今天在這裡許下的心願，也許永遠都不會實現，不過兒子對婆婆的牽掛，

對婆婆的思念，會讓在天堂裡的婆婆知曉一切。在這個人世，有那麼多人在想念她，因為她的愛心，因為她的無私，因為她對家人的照顧，讓我們一家人時時都在懷想著那些有媽的日子，真好！

鏡頭前的兒子有一天終會長大，他會有他的生活，真希望他善良的真性情會陪伴他的一生，懂得愛人以及自愛。

兒子一年年地長大，有時我會問他是否還想得起婆婆的模樣，我不知道小小的腦瓜裡是否還可以回憶起點滴記憶。兒子告訴我，他都記得。他記得在他過五歲生日那天，姨婆他們都來為他過生日，然後大家一起去看在醫院裡躺著的婆婆。在婆婆的病床前，婆婆還摸著他的頭讓他好好讀書。我驚訝於一個當時只有五歲的孩子記憶能夠如此清晰，也許有些記憶並不會在時間的洪流中被沖刷不見，孩子潔白的心靈記住了婆婆對他的殷殷希望，也許會成為他日後前進途中的一劑強心針。

兒子慢慢長大，對婆婆的思念似乎更加深切。兒子在 2012 年寫了一篇有關家人、親情的作文，提到了去世的婆婆，他說：「可惜婆婆在我五歲的時候她就去世了。當時我還小，不懂事，還覺得沒有什麼大不了的。現在才知道，少了一個人有多重要，我已經很後悔了。」兒子在結尾處寫道：「經過了這麼多事情，我知道我的家人非常愛我，我也知道了一個人度過了自己所有的時間，也就不會回來了，我也知道了要珍惜時間，也要珍惜我們和家人一起度過的快樂時光，更要珍惜現在的每一分每一秒。讓愛在我們身邊，讓我們和家人相親相愛！」對於一個三年級的孩子來說，他在抒發自己與親人之間的深情時，能認知到這些的確非常難得，而言語之間，兒子對婆婆的深深眷念，對小時候的自己不諳世事的後悔之意也早已溢於文字之中，我被兒子的文字打動了。

婆婆與兒子之間的血脈淵源在冥冥中得以繼續，比如婆婆的一些動作，我竟然在兒子那裡驚訝地發現，那個在婆婆去世時還不懂事的孩子，怎麼可能記得婆婆的一些動作，可是他現在不經意的一些動作，的確如婆婆在世時一模一樣，我只能將這些看成是無法解釋的現象。

　　冬日裡兒子臨睡前脫毛衣時，我總是站在旁邊看他，卻又默不作聲。兒子脫毛衣時，總是將手伸向腦後，將毛衣的領子順勢從後面往前拉，整個頭從毛衣裡脫了出來，然後是身體從毛衣裡冒出來，最後才將兩隻手臂從毛衣袖裡掙脫出來。兒子說，這樣脫毛衣，不用清理毛衣的正反面，自然就是正面朝上，第二天就可以順順當當地快速地將毛衣穿上。他這樣脫毛衣，與別人都不一樣，而在我們家，還有一個人像這樣脫毛衣，那就是婆婆。我想小時候的兒子，是記不得婆婆曾用這樣的姿勢，坐在同一張床上，這樣脫過毛衣的，而彷彿有種神祕的力量，將婆婆的習慣傳於她的孫子，讓我默默地看著兒子脫毛衣，彷彿看見婆婆依然生活在我們身邊一樣。

　　那日小子在旁邊讀「花有重開日，人無再少年」，鏗鏘有力的聲音，讓我驚醒，少年近在身旁，而我的韶華，已化成白髮冉冉初升，大有一發不可收拾之勢。

　　生活裡的藝術循環往復，看似重複，卻自有其不一樣。

美好婆媳關係相處之道七：和婆婆一起愛你們的孩子

　　在照顧孩子上，很多媳婦也會和老人有許多分歧。新一代的育兒觀念，也許與老觀念有許多不同之處，但是老年人對照顧孩子的細心與經驗的累積，也是不可多得的寶貝。像我生了孩子，還請我家的老外婆來幫忙一起帶孩子呢。

當自己和婆婆的觀念有衝突時，明確表示你的態度，但是不要太掃老人心意，尊重她是第一位。這世界上也沒有絕對的對或錯，也沒有絕對的好或壞，萬事萬物因千絲萬縷的連繫，會結出不同的果。

　　當我在冬日某條老街的巷口，看到有一位老婆婆抱著自己的孫子，在家門口晒太陽，那樣的場面，似乎穿越時空讓我也回到了在外婆懷裡，有耀眼的太陽，有溫暖懷抱的日子。這時孫子突然打了幾個噴嚏，老太太接著孫子的噴嚏聲說：「呷百二，呷百二。」我笑了，這是老式人對孩子們的祝福。她們有她們的方式。

　　誰說現在的啟蒙教育就一定不會讓孩子輸在起跑點上，誰說老年人帶孩子們在外面放養式的玩耍，就是在浪費時間。

　　總之，無論如何，和你的婆婆、你的家人一起去愛你的孩子，讓孩子的成長過程，無為而行，我們的愛都是一樣的，只是方法不同而已。這個世界上有許多求同存異的事情，不需要步調完全一致，只要方向一樣，不過就是節奏或是方式問題，不必太過介意那些點滴引起的爭端。在一本親子心靈教育書籍中，作者寫：「我們希望有兩份永久的遺產能夠留給我們的孩子。一個是根，一個是翅膀。」理解了這些，和婆婆一起，去狠狠地愛你們的孩子，絕對沒有問題。

第八章
當波波遇上媽

婚姻成爲兩人社會關係的總和

　　有些父母從一開始，就將媳婦或是女婿置於對立、指責、批評的位置，而不是用接納、善待、視同己出的愛去關心、呵護他們。於是，那些沒有頭腦的孩子，因為對付不了超級強大的親友團，最終只有選擇離婚。他們變成了父母擂臺的炮灰，犧牲的也許是感情，可有些人連同信任一起丟失，很難再進入下一段健康的戀情或婚姻，半途而廢的婚姻讓他們的心蒙上陰影。

　　兩個人一旦結婚，就會擁有兩個媽媽，而當婆婆遇上媽時，兩個女人注定又是一場好戲，再加個媳婦或者女兒這樣的角色，三個女人，更是會讓這個家庭天天上演好戲。

　　婆婆自果兒生下來，就對這個孫兒疼愛有加。當時孩子小，媽媽看我們工作忙，就將孩子帶回她家去帶了，婆婆每每想念孫子了，就會轉乘兩趟車，去媽媽家看孫子。這樣，婆婆和媽媽相處的時間自然就很多了。

　　婆婆每次到媽媽家看果兒，除了會替果兒買些日用品、牛奶、雞蛋外，還會附帶著替媽媽家買些必備的家需用品，而媽媽又是個特別實在的人，對於那些補品之類的東西很不感興趣，反而對每天都要吃的雞蛋、牛奶，或是要用的炒菜油、洗衣粉這些非常實用的家居用品「感冒」。而婆婆也彷彿學了心理學般，摸準了媽媽的喜好，都送符合她喜好的「實用貨」，所以每次婆婆買給媽媽的禮物，媽媽都欣然收下，兩個人也毫不客氣。

　　當婆婆遇上媽，在我們家，從來沒讓我覺得難堪過，婆婆的知事曉理和大氣，讓我媽媽也對婆婆敬仰幾分。

這一切，讓我想到連續劇《婆婆遇上媽》。孩子結婚離家，建立自己的小家庭，本是再正常不過的事，可是父母仍然對那個已成家的孩子抱有如同襁褓嬰孩般的幻想，覺得那個孩子還未長大，依然需要父母無微不至的關懷。於是小夫妻的新家裡，時常會娘家人才走，婆婆又駕到，當然，雙方父母時常在孩子家見面也是極有可能的。

　　正如《新結婚時代》裡所講述，結婚不是兩個人的事，而會升級成為所有社會關係的總和。說小一些，這樣的「社會關係」是兩家人的事，自然牽涉雙方的父母。各自的孩子都是媽媽的心頭肉，都是怎麼看怎麼乖的兒子或女兒，對突然成為自己家庭成員的媳婦或是女婿，很多時候，做父母的根本無法做到對兩個孩子施以相同的愛。

　　在《婆婆遇上媽》這部電視劇裡，乖媳婦遇上了惡婆婆，再回家向媽媽訴苦，親家雙方一碰面，便引發了一場不可收拾的戰爭。在一場婆婆和媽媽的大戰中，小倆口的感情也會受到影響，本以私奔的姿態去迎接這場婚姻的女方，也會在戰爭中維護自己的媽媽；而丈夫面對養育自己二十幾年的母親，這個沒有多少底氣的男人，也只能在媽媽和妻子跟前希望雙方各自不戰而降，風平浪靜地息平戰火。這類直視近在身邊社會現象的家庭劇，總是讓人圍觀之後，如看到自己生活般地覺得親近。

　　近幾年「七年級生」的離婚問題廣受媒體關注。有專家分析：「七年級生」離婚率高的原因之一是「父母插手過多」。在關於七年級生的婚姻調查中，在處理「七年級生」的離婚案件的過程中，不僅雙方的父母全程陪同，有的甚至是爺爺、奶奶、外公、外婆等都參與了進來，有50%的當事人委託父母作為代理人參與訴訟，戀愛、結婚過程及離婚原因基本由父母陳述。這也展現了這些孩子何等地不獨立，何等地依賴父母。

在這樣的婚姻中，父母竟然成為兒女婚姻的「絆腳石」，也許我這樣說，顯得有些過激，可是對於心理不成熟、還不能獨擔家庭重責、尚不知自食其力的兒女來說，父母之言就顯得尤為重要。他們不懂得以成人的觀點來看待自己的婚姻，不懂得於內在中尋找夫妻和諧的平衡點，一味地埋怨，只看到對方的弱點，人云亦云，二人最終因為無法理清父母、婆媳、公婿的關係，疲憊的雙方都大敗而歸。

也許有的小夫妻並非感情破裂，可是因為本只屬於兩人的關係，發展壯大成為「所有社會關係的總和」而變得複雜萬分，以致無法辨別輕重、真假。於是只有草草收場，依然回到自己原生的家庭裡，仍然依偎在父母身邊，做那個乖乖兒或乖乖女，也許這樣的選擇，對於他們來說才是最簡單的生活。

可是他們不知道，有些父母從一開始，就將媳婦或是女婿置於對立、指責、批評的位置，而不是用接納、善待、視同己出的愛去關心、呵護他們。於是，那些沒有頭腦的孩子，因為對付不了超級強大的親友團，最終只有選擇離婚。他們變成了父母擂臺的炮灰，犧牲的也許是感情，可有些人連同信任一起丟失，很難再進入下一段健康的戀情或婚姻，半途而廢的婚姻始終讓他們的心蒙上陰影。

其實作為父母，與其去插手小夫妻的婚姻，不如讓他們自己去磨合，去適應，就算跌倒也好，吃虧也好，都是他們自己嘗試著在過自己的生活，那是只屬於他們兩人的生活。他們沒有經驗，他們也需要摸索，可他們並不需要那麼多「別人」去指手畫腳。

在龍應臺給兒子安德烈的信中，她殘酷地寫道：「的確，最後母親竟然成了別人。」養子二十幾年，當最親近的兒子或女兒獨立到稱你為「別

人」時，那種失落顯而易見，可是，的確，每個人的路都只能靠自己去走，作為父母，保護的雙翼不可能永遠為兒女撐開，兒女要獨自面對的何止是婚姻之路，過分的保護，有時會適得其反。

婆婆和媽媽相遇，不是要給兒女製造麻煩，而是要讓這兩個在孤獨中長大的孩子，能夠在和婆婆、媽媽、公公、爸爸圍坐在一起時，充分感受到大家庭的熱鬧與溫馨。家更大了，愛也更多了。

永遠無法爆發的戰爭

這裡只有溫馨，只有掃在屋子裡最美的陽光，有媽媽低頭織毛衣最美的側影，有婆婆在一邊排著毛線挽成圪的認真，有孩子玩玩具時嘰嘰咕咕的自言自語，有東坐在沙發上看報紙的悠閒，有兩個老頭下象棋時的冥思苦想，還有老爸的滿臉得意，而我就像一個大大的錄影機，將這一切定格在我最美的記憶裡。有父母的家是最溫馨的，有父母的家讓人覺得那麼的踏實、溫暖和寧靜。能有兩個媽媽，真好！

而我的婆婆和媽媽在相處過程中，卻是十分融洽，我們自己家裡沒有什麼親戚在這裡，於是和親家之間的走動，成了我們兩家人最親近的行為。

我何其有幸，遇到我那個善解人意的婆婆。

當婆婆遇上我的媽媽時，對我媽媽從來都是尊重有加，知道我媽媽脾氣急躁，她從來都是讓著我的媽媽。對媽媽也總是投其所好，知道我媽媽喜歡手工編織毛衣，於是就買棒針給媽媽，送她織毛衣的書，買絨絨給兒子請媽媽幫兒子編織毛衣。甚至婆婆臨終時，分配她那些遺物時，都對我

說：「我家裡那些織毛衣的書還有所有的棒針，都送給妳的媽媽，我走了，大概你們也都不會織毛衣的，只有妳媽媽拿著這些東西才真正有用。」

這樣的兩人見面，不會為什麼事情而爭執，而且也從不會在背地裡向我們兒女指責對方的不是。媽媽在別人面前談論我的婆媳關係時，會非常自豪地說：「我家女兒遇到了一個好婆婆，當然，我女兒對她婆婆也很好。」

婆婆來媽媽家看孫子，在媽媽家話家常時，婆婆從來都會說謝謝他們養育了一個這麼優秀的女兒，可以當她的媳婦。我媽這個心地善良的女人，對婆婆這番話頗感受用，自然也很得意，所以兩家老人在一起閒話家常時，常常像兩個老姐妹似的把各自兄弟姐妹間的事、家族歷史的事、沾親帶故的事都一併拿出來分享。彼此將那點老家底、老歷史，都聊了個遍。

有時我會在遠處一邊喝茶，一邊聽她們兩個都說些什麼。兩位老人通常還是翻來覆去、津津有味地說那些家長裡短，自己家裡的事情，自己兄弟姐妹的事，兩個孩子的事。兩個人總是有說有笑的，她們真的是一對活寶一樣的老傢伙，讓你覺得看著她們聊天都是種享受，孩子在眼前玩著皮球，老爸們在對弈著象棋，我就坐在那裡看著，聽著，也會覺得生活中最美的畫卷也不過如此。

這裡只有溫馨，只有掃在屋子裡最美的陽光，有媽媽低頭織毛衣最美的側影，有婆婆為媽媽雙手排著毛線將毛線挽成坨的認真，有孩子玩玩具時嘰嘰咕咕的自言自語，有東坐在沙發上看報紙的悠閒，有兩個老頭下象棋時的冥思苦想，還有老爸的滿臉得意，而我就像一個大大的錄影機，將這一切定格在我最美的記憶裡。有父母的家是最溫馨的，有父母的家讓人覺得那麼的踏實、溫暖和寧靜。能有兩個媽媽，真好！

有時坐到夕陽西下，她們一邊聊天，一邊織毛衣，媽媽會突然感覺到家裡光線的變化，然後跳起來說：「唉，我都忘記做飯了，都六點了。」兩個老姐妹又一起起身去廚房裡說說笑笑地做起了晚飯。

　　在這個家裡，我就回歸到孩童時代，享受著媽媽們為我帶來的這世上最美妙的晚餐，我只需要在廚房裡剝剝蒜，切切蔥，而後像孩子一樣守著廚房，聞著從鍋裡飄出來的肉香，貪吃無比地只想撈起肉，切了就吃。如果正值春節，我會像小時候一樣伸出手去抓砧板上剛剛煮熟切好的香腸臘肉，一邊叫著好燙，一邊嘟嘟噥噥地嚷著好吃。

　　在兩個媽媽身邊，我充分地感覺到安全、踏實、心平氣和。在外面經歷再多的困難，經歷再多的委屈，在這裡都得以融化。有媽媽在的家，就是港灣，就是加油站，讓你感受到來自這兩位平凡女性身上無邊的愛、溫暖和包容。

　　每每這樣的時光，我就非常安靜地在一旁笑，我是幾世修來的福分，讓我能同時擁有兩個世上最好的媽媽。也許，你會以為兩個老人如此相敬如賓，是因為她們沒有住在一起。偶爾的碰面，並不能觸及生活的實質。是啊，婆婆媽和娘家媽住在一起，那不知道該有多少矛盾，也該有多難啊。兩個老人都是按照自己的生活習慣生活了一輩子的人，突然與另一個沒有接觸過多少時日的人住在一起，她們可能會為先擦桌子，還是先掃地爭論，會為煮蛋放不放油而爭執，還可能為洗米可不可以直接用電子鍋洗等芝麻小事，引發一場「戰爭」。

　　其實，我的婆婆和媽媽有兩次短暫住在一起的時光。當然這期間，也有矛盾產生，不過所有的矛盾都因為彼此的不計較，不記在心上，而早早地得以化解。

第一次婆婆與媽媽同時在我家住，是因為我生兒子。媽媽負責照顧我和兒子，而婆婆則負責我的飲食，每天奔波於菜市場，忙碌在廚房裡的她，心甘情願地當好「後勤」。那一個月，大概大家都為兒子的誕生而高興，婆婆和媽媽各司其職，相處得也非常愉快。老姐二人經常在一起抱著兒子在陽臺晒太陽，在外屋悄悄地說話，白天的時光，我總是自由地睡覺，或是坐在床上看書，懶懶地享受著坐月子的好時光。

　　第二次婆婆與媽媽同住我家，也是因為我的兒子。兒子檢查出來有腦積水，需要每天做高壓氧時，婆婆也是拖著病體，自告奮勇地來為我們當伙食團長。因為每天兒子預約的高壓氧的時間是早晨八點半，而我家到醫院需要一個小時的路程。所以每天清晨，婆婆六點鐘就起床，為媽媽做好早餐，然後送媽媽和兒子到車站，再返回來收拾家裡，買菜做飯，等著媽媽中午一回來就能吃上熱呼呼的飯菜。

　　那段時間，媽媽每天除了帶兒子去醫院，就是負責帶著兒子玩，婆婆則打理家務。婆婆每天伺候一家人的飯菜不說，還要幫著打掃收拾房間，有小孩子的房間不管怎麼打掃都是看起來東一堆西一堆的不夠整潔，婆婆也是沒完沒了地收拾。我們說收拾房間這些工作就等我們下班回來再做，可是每每回家，都看到婆婆總是搶先做了。

　　當然，婆婆和媽媽住在一起，偶爾還是會有小摩擦的，媽媽是個喜歡嘮叨的人，是個心直口快、對看不慣的事必須說出來的人。在我家裡，媽媽比爸爸小很多歲，從年輕到老，爸爸都一直讓著媽媽，任憑她怎樣嘮叨，爸爸基本上都是從不還嘴。可是這樣的態度落在別的人身上，未必人人都忍受得了。婆婆和媽媽在一起時，有時媽媽也會因為一頓飯菜不可口，或者菜涼了而臉色不好看，婆婆也總是忍讓著媽媽，這些我都看在眼裡。

那一天，下班回家，媽媽抱兒子出去玩了，婆婆在家裡也沒開燈獨自喝著她的湯。我回家見婆婆沉默不語，便問她怎麼了。婆婆說：「我就是等著妳下班，跟妳說一聲，我等等就回去了，住在這裡也不是很方便。以後，我還是每天來就是了，但不住這裡了。」我一直追問她原因，她才說，今天她做的什麼菜沒怎麼合我媽媽的胃口，媽媽可能不是很高興，她也覺得再長期處下去，怕兩親家關係不好，所以她也打算回家休息一下。

　　我聽了，也沉默不語，我知道婆婆在我家，身體力行地做了很多事，且不說她身體是否受得了，如果她在這裡過得不開心，我也根本沒有理由固執地留她繼續在這裡。

　　我送婆婆到車站的路上，挽著她的手，向她解釋：「我媽媽就是那個脾氣，這麼多年，妳也了解她，她內心是沒有什麼的，不過是一張刀子嘴豆腐心，是被我爸寵壞的。她一輩子也沒有經歷過什麼事，圍著我和爸爸轉，自己也沒有什麼朋友，所以難免想法比較狹窄，也不太會處事。她是有什麼就說什麼的人，就算在自己家裡，她也是那種有什麼讓她不舒服的事就劈哩啪啦一吐為快的人。妳千萬不要生她的氣，把自己身體氣壞了，生病了，我和東要怎麼辦？」

　　婆婆也像鬆了一口氣一樣，拉著我的手說：「花兒，我是希望看到妳和東好，希望孩子能快點好起來。我也沒有什麼別的要求，有什麼不愉快我也都能忍受。沒什麼，明天我再過來，妳也不要擔心，我和妳媽媽終究沒有什麼大的矛盾，我也了解她就是個心直口快的人。幫你們，我是一定要幫的。你們工作那麼忙，家裡又那麼多事，我們做老的，能幫的就一定得幫。」

　　夜幕中，橘黃的路燈光，拉長了我和婆婆的身影。影子裡，我和婆婆

手挽著手，兩個人的影子合在一起，就像一個有著龐大身形的人在夜色中漫步。婆婆的一番話，對兒女無條件地支持，讓我感動得眼淚在眼眶裡直打轉。

我把這件事告訴了爸爸，只有請爸爸在中間再做做和事佬，媽媽有時也是無心做壞事，逞口舌之快，得罪了人，自己也不清楚。爸爸婉轉地告誡了媽媽：「對待親家，不能像在家裡一樣，想埋怨就埋怨，想修理人就修理人，不是所有的人都可以像我那樣包容妳。就是家人，也得有適當的距離和起碼的尊重，她也是幫了花兒不少，再加上她身體也不好，還跑前跑後地為這個家忙上忙下，將心比心也該對人家好。再不要埋怨這埋怨那了。」媽媽聽了爸爸的話，以後對婆婆的態度也改變了許多。

而婆婆也更是沒有像她說的那樣要在家休息幾天，第二天一早還是又來到我家，任勞任怨地打理起這個家。我很慶幸有這樣的婆婆，讓我們家裡永遠也無法爆發戰爭。畢竟，家不是戰場，而是一個讓你回歸圓滿的地方。

銘記生活中那些細小的網底

這些歡愉的場景成為生活的一種墊底，鋪成碎花布樣的網底，瑣碎而細膩地存於彼此的生活中，成為一種印跡。這種網底在我們的生活出現裂縫時，會發揮自動修復的功能。用美好的回憶修補生活中的滄桑，頗具療效。

僅此一次的矛盾之後，婆婆和媽媽再沒有出現過不滿或爭吵，這對老姐妹總是像真正的親人一樣禮尚往來，互敬互愛。

每年正月初一是媽媽的生日，那一天，婆婆會和公公，還有東的姐姐一家來我們家拜年，也為媽媽過生日。平日冷清的家，因為有了人氣，非常熱鬧。一大家子人圍在一起包湯圓，做蛋餃，搓珍珠糯米丸子，電視裡重播著昨晚的除夕節目，樓下的庭院裡時不時響起一兩聲炸鞭炮的聲音，兒子穿著新衣，在家裡跑進跑出，一下拉著哥哥和他一起下去放鞭炮，一下纏著老爸，要他買新年禮物。

　　而此時，婆婆和媽媽都臉上開了花似的，一邊動作俐落地做著家事，一邊看著小孫子的可愛模樣，情不自禁地樂。

　　大抵最好的生活也不過如此吧，很多時候，幸福開花，真的與金錢無關。家人的團聚，孩子的健康，沒有爭吵的其樂融融，都是最好的時光。很有幸，我與婆婆這樣一起過了九年的春節，九年裡，從未變過。其實很多時候，不變就是最好的生活，不變裡會有底氣，會有沿襲，會有無盡的滿足。

　　飯後，婆婆總是要我們和她一起出去逛逛，有時我們會逛到附近的遊樂園。當我和孩子們一起坐雲霄飛車時，總能看見地上站著的那個小小身影，無限滿足地仰著頭，笑望著飛起來的我們。這一生因為身體的緣故，她從來沒有參加過任何劇烈的遊戲和運動，但是大約看著孩子們的笑臉，聆聽孩子們快樂時的尖聲大叫，對她來說也是極具珍藏意義的畫面吧。

　　那年，我們和婆婆、大姑一起，在遊樂園裡照了為數不多的幾張相片。那一刻，婆婆抱著果兒，媽媽挽著婆婆的手，鏡頭裡的他們，都有最美的笑容，孩子的天真，媽媽們發自肺腑的歡愉，都融進照片裡，成為時光凝滯的表情。我銘記著，那一刻，我們所有人都曾如此歡愉。

　　這些歡愉的場景成為生活的一種墊底，鋪成碎花布樣的網底，瑣碎而

細膩地存於彼此的生活中，成為一種印跡。這種網底在我們的生活出現裂縫時，會發揮自動修復的功能。用美好的回憶修補生活中的滄桑，頗具療效。

所以，我一次次地收集那些來自生活中的真實，當婆婆不在了的時候，我就反覆地溫習那些曾讓我們都開心的日子。也許正是這樣的複習，讓我總是放不下，走不開，而活在過去。可是也因為這樣的複習，讓我對生活中出現的荊棘，總是有信心去拔除。因為美好才是生活的真相，正如婆婆拖著病體，給我們帶來的美好生活的樣子。

生活的原貌，我已見識過，有醜陋的包裝，有出其不意的磨難，即便是如婆婆一樣的好人，也在飽受病痛折磨，可是她創造出的許多美，讓身邊的人懂得溫柔愛人，以及自愛。

記得新婚前夜，我再次像兒時一樣睡在媽媽的臂彎裡，聽著媽媽向我交代：「以後做人家的妻子了，就不能再像在家裡一樣任性而為了；做人家的媳婦，就不可以再像在家裡對自己媽媽一樣，說話大一句小一句，輕一句重一句，沒大沒小的，婆婆會覺得妳沒禮貌的。在婆婆那裡，說話也要顧忌小心些，不要說些讓婆婆不高興的話，因為最後吃虧的是自己。」

媽媽那晚說的話，無比傷感，彷彿我要離她萬里，而我要去的地方，又深不可測，她不在身旁，我便要變成另外一個小媳婦的模樣。也許天下的母親都一樣吧，總是怕自己的孩子在外面吃了虧，受了委屈，卻找不到地方哭泣，於是千叮嚀萬囑咐的，要把自己在這個世界上所有的經驗都傳於孩子，讓她少走些彎路，讓她少受些委屈。而我知道在婆婆那裡，我是沒有那麼多委屈要受的。

最後，媽媽無不傷感地說：「以後妳再也不會和媽媽一起睡覺了。」那

時，我想起了詩人傅天琳的那首詩：「如果有一天你夢中不再呼喚媽媽／而呼喚一個陌生的年輕的名字／那是媽媽的期待／媽媽的期待是憂傷，是驚喜。」

身為母親，為自家有女初長成的擔憂與驚喜，是那麼顯而易見，而媽媽對我即將開啟的新生活不無擔心，對婆婆是否好相處也是無比擔憂。在這個社會裡，關於婆媳關係難處的言論在四處擴散，所有的媳婦以及娘家媽媽都誠惶誠恐，未知的新生活，究竟會是什麼模樣？似乎從來都不由自己決定，而所有的矛盾焦點都指向婆婆。

我永遠記得那晚母親的憂傷，而多年以後，當媽媽和婆婆彼此熟悉得像多年的老朋友時，媽媽再無擔憂。兩個媽媽的相互體諒之心，讓我少去了很多煩惱。娘家媽媽說：「他媽媽身體不好，要多回去看看。」婆家媽媽說：「別只顧看我，妳是家裡的獨生女，妳媽媽平常都一人在家，也很寂寞，也要多關心她，多回去看看她。」

兩位媽媽的仁愛、善良、懂得體諒他人之本心，讓我在她們相處的時光裡，看不到煙硝四起的戰爭。

試問，有多少人將家庭變成了戰場，本是最親的兩家人，被稱作「親家」的她們竟然以對立的姿態，對上了陣。她們以「大敵」當前，一致對外的姿態對付婆家人或是娘家媽。如果我們懂得感恩，我們該知道要修多少年的緣分，才能將一根紅線繫於兩個毫不相關的人手中；要有多少年的修為，才會將兩個毫不相干的家庭牽在一起，結為親家。

我時常對一些神奇的冥冥之中的力量，抱有感恩之心。是那些我們看不見的力量，造就了愛與被愛，結合與分離。如果相愛，如果結合，就請銘記宣誓那一刻，我們心中的感動與強大的要幸福的信念。

　　沒有什麼可以阻擋一個立志要幸福的人，所以當婆婆遇上媽，也不是什麼棘手的事，也不一定會發生什麼驚天動地的大事，容忍、體諒、包容，這些美德在任何時候都很適用。

親情可以延續

　　婆婆的弟弟妹妹們都親切地叫我的媽媽為「姐姐」。在他們心中，我心地善良的媽媽也猶如他們再生的姐姐，因為我與東的關係，因為婆婆與媽媽曾經是親密的姐妹，讓一切都延展開來。

　　我有兩個愛我和我愛的媽媽，自視多麼幸運！

　　當我在 2012 年 3 月的一個下午獨自去看了許鞍華導演的《桃姐》。在昏暗的、寬寬的電影院裡，只有很少的幾個人，我默默地流淚，那時我已失去了婆婆，婆婆已離開我們四年了，婆婆再也遇不上媽，那對老姐妹中，只剩下我自己的媽媽。

　　那天，看了那部影片，我想得最多的是：這個世界沒有人需要那麼尖銳、那麼對立地去看人待事，我們需要溫柔以待，不管是對待家人，還是別人，因為即使是在這個世界上的匆匆相遇，都足以讓我們感激。

　　婆婆去世之後，有時媽媽也會和我再次說起婆婆。每當看到兒子做著怪相，調皮的模樣時，感性的媽媽總是對我說：「如果妳婆婆還在，能看到孫子這麼可愛就好了。」

　　看了《桃姐》之後，我在部落格上寫下〈媽媽讓我回家喝雞湯〉的文章：

　　大概許多人的命裡都沒有那麼多花開富貴，沒有那麼多大紅大紫，濃烈到臺上粉墨登場、人前歡笑人後哭的大喜大悲。

　　大多數的人生都是命運平平，甚至有些不濟，勉強度日，談不上幸福，也無所謂不幸福。快樂與不快樂，都簡約成心的渡船，無風無浪，不祈望誰樂善好施，給予點滴，也沒有多少爭取可言。在生活裡，就是重複著先祖的命運，一點點地熬著。

　　在平常人的人生裡，太跌宕、太搖擺的人生，如坐雲霄飛車，心臟得有超強的運作能力。

　　所以我說：有一種藝術就是生活。

　　這是我最近看許鞍華的電影《天水圍的日與夜》和《桃姐》時有的點滴感悟。而我喜歡藝術親臨生活現場，將其生活化，無須演繹，自成篇章的庸常。

　　一個人去電影院看《桃姐》，坐在黑暗裡，當看到那個在老人院裡因摔一跤就去世的老人，她的女兒在收拾媽媽遺物痛哭時，我開始流淚。女兒之前責罵母親心疼兒子，重男輕女，不懂得疼愛她；而那個默默無語等著兒子來接她回家過年的母親，像個犯錯的孩子，沒有言語，低著頭。我有種糾心的痛。

　　即使是刀子嘴豆腐心，也請對媽媽溫柔以待。

　　而我也是不懂得溫柔對待母親的女兒，我時常用「恨鐵不成鋼」般的心對自己的母親，為了母親的不懂瀟灑地「拋家棄子」去旅行，為了母親時時刻刻只知道圍著我與兒子轉，為了母親甚至沒有多少朋友，只知躲在一隅織她永遠也織不完的毛衣。

　　當媽媽黏我時，念叨我不愛回家時，我也總是不懂得清理自己的情緒，像對待孩子一樣對母親講道理，請她為自己保重。

今晚媽媽叫我回家喝雞湯，我要回家。因為《桃姐》。

之前，一直有很多猶豫，孩子回媽媽家了，我可以好好享受這樣一個夜晚，可以看電影、看書，在安靜中度過。而回家，喝雞湯，會打擾我所有閒的安排。

可是，世上沒有哪一種安閒與自得抵得過親情的聚首，在餐桌前的微笑、交談、低聲輕語。媽媽想要的不過就是時光的一瞬，與女兒對坐，聊聊家常。那個時候，媽媽總是好脾氣，笑顏如花，言語溫柔，我看到三十歲第一次燙了頭髮照相的她。

又一個午後，我與媽媽坐在社區的行道椅上，頭頂搭著紫藤架，含苞待放的花苞，含著春的訊息，媽媽在為兒子織毛衣，我與媽媽絮絮叨叨，陽光灑在身上，暖洋洋的。看著媽媽滿頭的白髮在陽光下閃爍，身邊這個女人真的老了。

看《桃姐》，看到人之老年的不堪，他們與誰都不爭，甚至也放棄了與命運的只爭朝夕，生活就成了數日子，甚至活得沒有多少尊嚴。假牙可以換著給人戴；有人探訪老人院，作秀地送來月餅，又收回，再拜訪下一家。那為一塊月餅而有的欣喜，瞬間換作人去手空的空蕩蕩，而老人們的子女都去了哪裡？我只想問。

那是 1985 年後，香港掀起移民潮，出現了大量的空巢老人，那些孩子們甚至因此與老人失去聯絡。

那日帶兒子去兒童醫院看病，我跑上跑下帶孩子做檢查，孩子每一次生病，都有我的陪伴，都有我揪心的痛與擔憂。可是父母生病，印象中只有一次，陪爸爸去做過一次大腸鏡。當我與東扶著爸爸從檢查臺上下來，我們扶著爸爸慢慢走出醫院，那一刻，我意識到爸爸有多麼虛弱。那是第

一次意識到，我的父母真的老了。

《桃姐》，讓我回家喝雞湯。不要拒絕媽媽的任何一次愛心晚餐，那樣的聚會，也會是見一次少一次的，做子女的要懂得這樣的聚會不可拒絕。有過這樣的陪伴，終有一天，今天的點點滴滴都會成為暖的記憶，留存，成為自己美的庫存。

《桃姐》讓我看到，一個人的時日就是那麼多，而我們的父母總有一天會先我們而去，而他們在世的日子是那麼有限。假設每週與父母相見一次，算一下如果父母活到八十歲，那麼你可以與你的父母見多少次？更何況有許多的子女，在自上大學開始每年只有兩次可以見父母，從二十二歲算起，如果每年見父母兩次，也許你在此生只能與父母見面六十次，而這樣的推算，是理想地計算父母都可以活到八十歲，如果他們像我婆婆一樣，只有六十年的壽命，甚至更短，那麼我們可以陪伴父母的日子真的不能用「年」這個時間量詞來度量了。

這短短的，只能用次數來形容的相聚，在父母有生之年，有如鑽石般珍貴，可是我們無視那每一次的聚會，甚至不願意抽出時間去陪伴。比回家有趣的事多了，回家也許排在了所有安排的最後。可是想到父母有那麼一天，就會那麼不管不顧地離開，我們之間便是永不相見，每每想到這些，我們做子女的是否應該讓樹欲靜而風不止，子欲孝而親不在的遺憾少些再少些？

當婆婆去世之後，媽媽更是黏人般地希望我經常回家，更是經常跟我說：「多回家看看，父母看起來健康，也說不定哪天就走了。」這樣的話讓我聽來總是忍不住地傷心又傷心。

婆婆去世之後，媽媽卻與婆婆的妹妹、弟弟像真正的親戚那樣四處走

動起來。每次我們去看舅舅、阿姨，我媽媽都會跟我們一起去。而媽媽每年春節的生日，舅舅、舅媽、阿姨他們要麼親自到家裡為媽媽過生日，真的沒空，也要給媽媽發簡訊，稱「祝大姑生日快樂」。

　　婆婆的弟弟、妹妹們都親切地叫我的媽媽為「姐姐」。在他們心中，我心地善良的媽媽也猶如他們再生的姐姐，因為我與東的關係，因為婆婆與媽媽曾經是親密的姐妹，讓一切都延展開來。我們家在這裡沒有別的親戚，媽媽的哥哥、弟弟都不在這座城市，平時很少走訪親友的媽媽，也便和婆婆的弟弟、妹妹們像親戚一樣真正地往來起來。

　　逢年過節，或者是彼此的生日，大家都聚在一起，像一個真正的大家庭一樣，坐在一起，吃吃喝喝，笑笑鬧鬧，我們的相聚，也是對婆婆另一種方式的想念。

　　2008 年婆婆去世後，五歲的兒子似乎突然長大，身體也慢慢地健壯起來，可以跟著我們四處走走了。於是，我們去舅舅、阿姨家除了帶上兒子，也會帶上我那沒有什麼朋友的媽媽，媽媽也喜歡和我們一起串門子。

　　在舅舅、阿姨那裡，因為他們待人特別熱情，對媽媽也是打心裡地歡迎，所以媽媽也絲毫不覺得疏遠或有做客般的不自在，反而像是回到自己家一樣玩樂、說笑。媽媽和我們一起打牌，想吃什麼就跟舅媽說，一家人在一起總是玩得開開心心的。

　　在婆婆去世後的第二年春節，我們帶著兒子去舅舅家，媽媽一路念叨：「看嘛，以前你阿嬤想把你帶到這邊玩，你老是生病，也不敢讓你東走西走的，現在你長大了，阿嬤又不在了。」我們一行人，聽到這句話都沉默下來。真的是這樣，婆婆生前總想帶著孫子回老家，讓親戚朋友也看看她的乖孫，可是兒子那不爭氣的身體，禁不起任何風吹雨打，一不注意

就得去掛點滴，所以從沒跟著婆婆走過親戚。

現在孩子十歲了，抵抗力好了很多，也跟著我們四處旅行了。2011 年國慶日，果兒還和我們一起去爬了一座百岳，當時去前幾天天氣不佳，上山的路被人踩得泥濘不堪，我們慢慢上行走了將近四個小時的山路，到山頂湖邊紮營。規劃路程時，我非常擔心孩子的體力，還怕從未上過高山的他會有高山症。可是沒想到，孩子不僅沒有高山症，爬山也比我快上許多。上到山頂，除了我們和朋友一家帶著兩個孩子，那上面沒有一個小孩，大家都說我們膽子大，高海拔，走這麼長的山路，還帶著兩個小傢伙。不過，大家也都誇這兩個小傢伙太厲害了。

只可惜婆婆再也看不到這一幕了，兒子沒有跟著婆婆出去旅行過。我們再也沒機會帶著婆婆和媽媽一起出去旅行了，這是我們做兒女的遺憾。

唯一的一次留下照片的小旅行，便是我們帶著婆婆和媽媽，還有大姑一家，在沒修河堤的河壩上一起玩沙，晒太陽。果兒將手搭在兩位婆婆的肩頭上，笑嘻嘻地擺出個好玩的 POSE，那時的婆婆看起來那麼年輕，那麼健康，而這張照片，也成為婆婆和媽媽一起旅行時唯一的見證。

生活有時就是這樣神奇，小小的一張照片，卻能不經意地將你最珍惜的時光攝入底片裡定格，而在那時，你毫不知情。雖然有些可悲，可是這樣的照片，在後來的意義是重大的，可以隨時提醒自己，好日子就在身邊，就是現在。

時至今日，我仍然慶幸自己一生有兩個好媽媽。那天翻舊時的筆記本，看到自己曾發表在報刊上的〈兩個媽媽〉的短文。而現在，我的一位媽媽已經去世了，我更要好好珍惜我的另一位媽媽。

媽媽與婆婆有著截然不同的命運，婆婆一生受病痛折磨，大小手術幾

經折騰，幾乎天天都在吃藥；而媽媽活到六十二歲，從未打過一次點滴，若是感冒也只需吃上一兩次藥，病自然就好了。婆婆一生幾乎都是靠自己，年輕時照顧弟妹，自己帶孩子，大姐風範一直都在；而我的媽媽是家裡唯一的一個女兒，上有兩個哥哥，下有一個弟弟，結婚後又被我老爸寵愛一生，就像是個被慣壞的孩子，偶爾還要鬧點小脾氣，覺得自己不夠幸福，其實比起婆婆來，她不知要幸運多少倍。單是健康這一條，就比婆婆有福氣多了。

所以當婆婆遇上媽，就算是媽媽稍稍無理，婆婆也一直是忍讓，而且大度的婆婆知道，一旦她們之間有什麼矛盾，最不好受的是夾在中間的我和東了。所以婆婆和媽媽之間，戰火永遠不會點燃，識大體的婆婆不但要為我們晚輩擔待，還要顧及媽媽的情緒，真的難為她了。

婆婆去世了，媽媽再也不能遇上婆婆，可是在我媽媽的心中，仍然時常會想起她的這位老姐姐，會想起婆婆說過的一些話。媽媽時不時會叮囑我：「讓果兒好好學習，妳婆婆跟我說過，一定要讓他讀大學。不要辜負了婆婆的期望。」偶爾，媽媽還會跟我說，在夢中夢見婆婆，她還是和往常一樣來到家裡玩，和我有說有笑的，就像沒有走一樣。然後，媽媽會迷信地說，她是不是想來看孫子了喲？其實，兒子上學後一直都在我們家住，我知道婆婆是去看媽媽的，她們老姐妹在用另一種形式見面。

美好婆媳關係相處之道八：學會做那個先閉嘴的人

不管是婆媳之間，還是婆婆與媽媽之間，還是自己與先生之間，還是在各種親密關係之中，我們都要試著做那個在爭吵中先閉嘴的人。

在雜誌社上班時，曾採訪過芳香治療師金韻蓉，當我問她如何處理

「相愛容易相處難」的問題時，她告訴我：「其實我從長輩的婚姻生活裡得到啟發，他們不會以公不公平作為評斷的標準，而是以『家和萬事興』作為進退的依據」，她進一步告訴我：「維繫婚姻最重要的是愛，不是較勁，內心要寬容。如果我和先生意見不一，那麼先閉嘴的，肯定是我。」

後來，我又在情感作家胡楊的新書《存在比擁更幸福》中看到老子說過的一句話：「反者道之動，弱者道之用。天下萬物生於有，有生於無。」，這句話告訴我們：「道的作用是以柔弱的姿態來表現的」，而我們很多時候都爭強好勝，即便是與最親近的人，也要爭個你輸我贏，而我們不知道，其實閉嘴的智慧，柔弱的低調，看似略輸一籌，其實是更勝一籌。

婆婆儘管從她的嗓音來看，她已失去了爭吵的可能，不過她的內心依然可以憤怒，聲帶的弱點，絲毫不會影響她的情緒展現，她也可以用重重地摔打器碗或者摔門而走，用其他有響動的方式，來表現自己的憤怒。

可是她從來不會，她用她柔弱的姿態去迎合媽媽的強勢，這樣的兩個人永遠如一個巴掌拍不響一樣，不會戰火橫飛，更不會殃及家人。婆婆從來不會因為媽媽的幾句嘮叨，而與她大張旗鼓地爭吵，這是她的智慧。而因為她的智慧，在我們家裡，永遠不會爆發戰爭，電視上那激烈的「火拚」場面永遠不會出現在我們家裡。家對於我們這些孩子們來說，依然是那個值得信任，回去便可以溫暖的地方，因為有媽媽們在。

學會示弱，並不代表我們無能，或者無力，只是因為我們愛我們的家人，在家人面前，我們更應該收起我們的「刺」。有人說：刺蝟冬天相互取暖時，會擠在一起，可是擠得太過親近，又會讓他們相互刺到，所以刺蝟間保持適當的距離，又可以相互溫暖。這就像我們和家人的關係：很多時候，我們對外人可以更加寬容，可是對家人，因為更在乎細節，所以要求

更多，有時當家人不能順應自己的意思時，便會發怒，便會惡言相向，便會演變成一場不可收拾的戰爭。

2012 年，我去採訪旅遊公司董事長時，他告訴我其實常人所說的「捨得」，理解為「有捨有得」是不對的。「其實我們一定要有『捨』並不為『得』的心態。」「捨」只是因為我們願意丟棄一些內心的固執、固化的觀念，而如果我們抱著不為「得」的心態，反而會有意想不到的「得」，像意外的驚喜一樣來到身邊。

婆婆正是用了「捨不為得」的智慧，將一家人團聚在一起，讓我們一家人相安無事，沒有什麼大事發生地平靜而過。俗話說：家和萬事興，這個「和」，是和睦，是和解，是和順，是平衡帶來的和平。

當然生活會賜予我們很多的曲折，不過都是上帝化了妝的模樣，祂在試探我們內心是否足夠強大，是否懂得用笑對去化解所有的不快。有句話說：不要因為走得太遠，而忘了當初我們為什麼要出發。生活的庸常，細如髮絲的矛盾，都不過是在試探我們生活的耐心，一些假象，讓我們失去愛的力量；各種誘惑，各種紛擾阻擋我們的雙眼繼續明亮，我們漸漸失去了方向，偏離了軌道，甚至束手無策。

這時我們該提醒自己，在家的我是否足夠放鬆，是否該少些警惕，用最柔軟的心去善待我的家人，包括他的父母，還有他的家人，相信任何一個人的真心不會對「弱」，對「柔」施以暴力。在我們抱怨婆婆，對自己如何不好時，向內看，找找自己的不是，試著改變自己，然後去等待她的改變。而當婆婆遇上媽時，我們也絕不做那個搧風點火的人。僅此，我們就可以維持家的和平，很容易。

第九章

我們榨乾了婆婆最後一滴血

車禍後隱藏的深情

　　婆婆再次拖著病體，來到我們家，東骨折了，她來照顧她的兒子，我也是第一次和婆婆長久地住在一起，朝夕相處。我相信是老天，特意安排了這場聚會，儘管我們不知道，這場聚會最終會以人去樓空為代價。可是，它畢竟如此恩慈地讓我與婆婆有了真正在一起的大段時光。

　　那年，當我們想掙扎著換個方向投資，當時還正與朋友一起在異地挑選開新店家具的我，突然接到東朋友的電話，說東在一場車禍中鎖骨粉碎性骨折，在醫院躺著，等著做手術。我在趕回老家的路上，打電話告訴婆婆，讓婆婆幫我先去照顧著東，我隨後就回。

　　在從異地回家的路上，想了很多。也許是兩個人在一起久了，就會出現相互依賴的磁場。當我準備另起爐灶讓小家的生活過得更好時，東的事故讓這一切停止了。

　　回想從離開公司，我和東一起創業，做我們的辦公用品店，兩人每天一起從被窩裡鑽出來，一起並肩跑客戶公司，聯絡業務，為客戶送貨，讓我成了徹底的「褲黨」。

　　創業時，我們買了一輛摩托車，東騎，我坐後面，每天騎著那輛摩托車去小店上班。當時，除了胯下的這輛鐵騎，我們一無所有。所以無論冬夏我都穿褲子，因為穿裙子坐在摩托車後面很不方便，也很不安全，而我那時很喜歡頭戴安全帽，兩耳生風地讓風呼啦啦地從身旁穿越的感覺，讓我覺得無比踏實和自由。那兩年，我的著裝基本是牛仔褲，腳上清一色的平底鞋，因為方便，因為要走很多路去找廠家談生意，要在給別人送貨時能跑得更快些。

因為成了褲黨，我將自己徹底地變成了「男人」。褲黨的歲月記錄著我創業的經歷。

　　第一次進貨坐客運，售票員叫我加購「行李費」，從來沒有支付過行李費的人竟然傻了，而我每天在銷售清單上記錄的一筆筆的小生意全是幾塊錢在賺的，行李費要一百元，我幾乎祈求地問她能不能只買一張車票，我們真的很困難。售票員看都不看我說，我們還不是很困難，一副鄙夷的樣子，永世不能忘記。含著眼淚，靜靜地摸出一百元給那個面無表情的人。

　　有一次在進貨的地方提著大包小包的我，卻看到同學的媽媽，很不好意思，她知道我以前在公司上班時職位是很不錯的，看見我如此狼狽地提著大包小包像個十足的攤販，吝嗇得都捨不得請個助手，替我心痛，而我最受不了別人的同情。

　　一路同行，她媽媽勸我說還是回公司上班去吧，他們不是還特地請你回去嗎？我笑笑不答，心裡的苦自知，可是就像那過河的卒，沒有回頭路，我不是喜歡吃回頭草的人。有些路只能自己一個人走，有些夢想只能用頭撞南牆不回頭的勇氣才能實現。儘管那時我的夢想不過是生存，不過就是如何將幾塊錢換成一張張的千元大鈔，可是那時自己的艱難歲月，在以後的自己想來，能夠一路堅持下來，確實可以給自己鼓點掌。自己清楚一路走來的不易，而我相信家和萬事興的道理，我和東在那時，更加相親相愛地支撐著彼此走了下去。

　　這樣的艱難，很多現在看來的成功人士也曾經歷過。後來，在雜誌社上班，一次採訪金韻蓉老師，聽她說起那段她和老公靠向外借錢做生意的日子，也同樣辛酸艱辛。不過就算是潦倒無比，夫妻二人也堅持每天送孩子上學後，去咖啡館喝一杯咖啡看看報紙，享受了生活之後，再回到辦公

室，開始低著頭給一個個朋友打電話，向別人借錢。金老師說道：「儘管當時喝一杯咖啡，對我們來說無比的奢侈，可是我們需要那樣的儀式感，我始終相信，我值得過那樣的好日子。」聽到這裡，作為記者的我竟然潸然落淚。那是因為我將她的話與曾經的自己連接了起來。我知道創業的艱難，我也曾經歷過那樣焦灼的時光，貧窮、好強、執著、苦中作樂地堅持，這一切都如我所經歷的一樣清晰動人，那些淚正是為多年前的自己而流。而我也始終相信我值得過那樣的好日子，所以好日子在後來也總是接踵而至。

人近四十，依然單純地相信感情，這世上真正值價的東西，不一定需要用金錢來換取。那些最窘迫的日子恰恰讓我懂得品味那些相濡以沫的時光。在屬於褲黨的歲月，我頂著一口氣埋頭打拚，閒下來坐在小店顧店時寫過一篇短文 ——〈從小資到「小資」〉：

《滾滾紅塵》中，能才對韶華說：「你沒有披肩，我沒有靈魂。」對好友說：「我現在已沒有靈魂了。」

對好友說我從小資變成另一種「小資」了，變成「小資本家」了，甚至看報紙都是種奢侈，因為要十塊錢；從公司出來，再沒買過喜歡的百合花給自己，因為一枝要三十五元。以前在公司上班時，每週都會有固定的花商為我送來一束百合花，讓我簽單，而那束幽香的百合花，會陪伴我在那間獨立的大辦公室裡度過我無比美好的上班時光。而現在這些都成為我心中的痛，那是身為女人小小的歡喜與最愛，卻變成最奢侈的夢壓在心底。可是現在我不能講這些心底的潛蹤，甚至不敢聆聽心底的聲音，我怕，我怕它們翻江倒海地胡鬧，我便無了寧日。

從坐大辦公桌轉到坐小書桌，從人來人往的請示匯報商量到只與身邊人的爭執、討論，從別人找你幫忙到你賠著笑臉讓別人給你一點時間約見

一下，落差如瀑布之水傾瀉而下。

即便轉換角色來得太過猛烈，可是自己依然選擇一如既往地堅守著，不想回頭，也不想變得太多，變得自己不了解自己，變得和這條街上的生意人一樣，不施粉黛，穿著布鞋端著飯碗和客人談生意。我承認我已從小白領變成了小商人，可是我那桀驁不馴的內心讓我即使成為小商人，也自是與人不同。我的小店也和別家不一樣，我有傳真機，有乾淨的貨架，有可以寫字的辦公桌，雖然現在我的收入也許在這條街上最少的，可是我相信總有一日我的小店會如店名「如日中天」。這份自信讓我確信我和他們不一樣，我的事業也會與他們不同……拿貨時，如果不太重，我不請幫手，走三步歇一步地邁到車站，我仍要穿我的束腰黑風衣，圍我的五彩圍巾，儘管所提之物與所穿之衣極不相配，可是我樂意，也沒有人管得著。也許，這是自譽的窮酸。

現在看這短短的文字，仍然可以給我激勵，給我感動和力量，畢竟我曾經奮鬥過。做褲黨的歲月也隱隱有著委屈。偶爾還是會遙想「當年」，而過往經不起歷練，歷史可圈可點，都不過是昔日，不能重來，無論你哀嘆也好，可惜也好，懷舊，此時毫無用處。而鏡子只能照出現實的模樣。

所以，我選擇在逆境中奮鬥，而結果是，我有了穩定的客源，我終於可以毫無顧忌地買報紙，我終可以坦然面對售票員付行李費的沒有熱情的聲音，我也可以平淡直白地回應她：「買就是了。」

後來，日子稍好一點，我要做「裙黨」的心路人皆知。我們買了汽車送貨，我終可以穿裙子了。在一家小店買了條很寬鬆的如花花圖尼克的背心裙，裙子是傘擺的，及膝，在火辣辣的天氣下透風涼快著。

在同一家店，我還買了一件玫瑰色有很多小花的寬鬆背心，可以當裙子穿，也可在下面配一條短短的牛仔褲。那天穿著這身衣服，梳了兩條小

辮子，去接畫畫的兒子，兒子盯著我看了半天，說差點認不出我，還很考究地說：「好看，像個少女。」我那個欣喜。大抵女人都是屬孔雀的，而對於這麼個小小年紀的男士的讚美也情不自禁地沾沾自喜。

偶爾，在一家熟悉的公司去為人家搬影印紙，穿著裙子，一樣為別人送貨，旋風似的，別人常常看我小小的個子，用雙手捧著一箱影印紙，一層層樓地搬上樓去，漲紅著臉，滿臉都是汗（因為捨不得叫幫手），都會驚訝地望著我。

身穿洋裝，腳踏高跟鞋的我，實在不適合滿頭大汗、雙手髒兮兮地在那裡大張旗鼓地做事，有時也會很難為情地碰到些熟人，心裡的落差顯而易見。可是在三年之後，在經歷了整整三年的磨礪，我清楚地看到，過去只能屬於那些流逝的光陰，要面對的終是現實的自己。現在就是在那些熟識的公司，我也可以自如地穿行。我是在為我自己勞動，勞動是美麗的。沒有什麼所謂的自尊讓我們放不下，因為我這麼做是為我自己。而我此時已修煉得完全可以無視那些目光，這是我的工作，是我賺錢的方式，不丟臉，正大光明，隨你看。

其實，想來有時褲黨和裙黨是因際遇而定的，有時褲黨和裙黨就是一種生活態度，做褲黨的女人更像男人一樣戰鬥，裙裾冉冉的美女也可以像我一樣穿著裙子做褲黨的事，沒人礙著你。只要你願意。

其實女人，如果也能如蘇東坡先生般在月深時在心底狂吼幾聲：「竹杖芒鞋輕勝馬，誰怕？一簑煙雨任平生。」何等豪放！心中那些小女人情結的委屈也便釋然了。

正是與東在一起創業的日子，讓我們在財富上極度貧窮的時候，感情的距離卻拉得無比的近。讓我們經歷十年的感情在倦怠期之後，又重整旗

鼓地注入了新鮮血液。創業時，我們向來都意見統一，沒有多少爭執，小倆口苦中作樂的精神，讓我們一次次抵擋住了萬千困難。

記得有一次替一個初次合作的客戶公司送二十箱影印紙去，到了公司大前，我們傻眼了，影印紙要搬到四樓，加上到一樓的平臺足足有二十六步臺階，也就是說，我們必須將紙搬到五樓。我們看著那高高的樓梯，看著那堆滿車的影印紙，賣了三年影印紙從來沒有請過幫手搬過紙的我們，面對像高山一樣卻沒有電梯的高樓，終於想奢侈一把，也當回雇主，請兩個幫手幫我們抬上去。

東估計每箱二塊，二十箱六十元，我說你想得美，這麼高的樓層至少都要三百元搬運費才能抬上去。結果去找了兩個工人回來一估，沒想到他們獅子大開口：「五百元，搬上樓。」我一聽急了，也硬生生地頂回去：「五百元，我自己搬。」兩個工人一看我這陣仗，有點不服氣地看著車裡的一箱貨物，再次估量了一下，可能想想也沒那麼重，於是主動降價：「四百五十嘛！」東更爽快，說：「二十元一箱，四百元。」結果兩個工人用力搖頭，走了。再說東也捨不得花這個錢，於是，我們兩個傻瓜開始找手套，脫衣服，準備大幹一場。他一手提一箱，我一雙手抱一箱，我們兩個像兩個專業的搬運工那樣，先把貨搬到平臺上，再一箱箱地轉運到四樓上去。

我們兩個就像生產線上的工人，各司其職，東將紙幫我轉運到三樓，我再一箱箱地抱上四樓指定的辦公室裡堆好。我們配合得那是一個默契，轉運，堆疊，喘氣，偶爾碰面不忘互相關心地說聲「你休息一下」。此時，外面是寒冬季節，可是我們兩個傻瓜倒是汗流浹背，東更是揮汗如雨，搬完了坐在樓梯上直喘氣。我將紙一箱箱地轉運至四樓時，只感覺像國中時代跑完一千公尺的長跑一樣，喉嚨乾澀不堪，呼吸不順暢，坐在

樓梯口上，呼呼地喘著粗氣，可是心底卻如溯過一片小河一樣的痛快。那個清潔工看著坐在樓梯口喘氣的我們說：「你們還真聰明，把那五百塊也省了。」我們相視苦笑，不知道這樣使著傻勁為省那五百元算不算得上聰明。

開車回去的路上，手臂開始酸痛，但心頭莫名的痛快，像是去健身房做了一場劇烈的運動般酣暢淋漓，連骨頭裡的每個關節都被疏通了一樣的神清氣爽。兩個人在車上喝水，大聲討論著今天搬紙的心得，路上看到一潭水庫，還說這個水庫的水還清亮，哪天可以約幾個朋友到這邊來釣魚。我還想著來釣魚的那天，應該還會有今天的冬日暖陽，然後我打開我們的躺椅，坐在樹下看我的書，那日子真是要多美有多美啦！

像阿Q一樣遙想著幸福時刻，而這樣假想的幸福時常可以帶給自己無比的力量，因此我們的生活總是將辛苦這道菜，加工成滿面桃花東風笑的佳餚，每吃一口都嘗到更加甜蜜的味道。因此，我們平時的奔忙都不過是為了那一刻的閒適，而這樣的閒適即使是在這樣的遐想中，也會有無比甜美的味道。而此時，車上收音機裡音樂電臺的DJ正帶我們去伊拉克展開一場音樂旅行。打開車窗讓陽光直射進來，對著後視鏡照我日漸回歸自然的臉，只覺得舒服了又舒服！

其實，生活的局促並不能為難我們，我們不能以富人自居，我們過著緊俏的生活，我們在工作上較著真，我們不願讓我們微薄的利潤在那些本可以節約的開支裡去流逝，所以我們現出「葛朗臺」（Eugénie Grandet）的本性，可是這並不能說明我們在生活中也是如此。在生活中，我們並不會計較著付出，我們進退自如。心靈的滿足抵擋著來自外界的誘惑和不適，內心最安逸的感覺，卻在那些捉襟見肘的日子裡，顯出自得其樂的本色。

就像在那個時候為達到利潤最大化，連五百元都捨不得花，而讓自己淪為搬運工一樣，我並不認為當時的自己無比落魄，我總認為勞動著的我也同樣美麗，工作並沒有貴賤之分，而女人不能像男人一樣工作，這是女人多半不會成功的祕密。

　　在那段時間裡，我這個文青歷經了多少不快，歷經了多少現實的衝擊，但為了養家糊口，所有與夢想不合的矛盾衝擊都被我囫圇吞棗般大口吃掉，而後又充滿鬥志，像個真正的勇士一樣過五關斬六將地去衝鋒陷陣。

　　我知道在我的內心裡，依然維持著我的高傲；在我心底，我依然是那個熱愛文字，溫柔地堅持內裡高貴無比的公主。雖然時不時會有夢想來襲，讓我體無完膚地心生疼痛，提醒自己難道這就是我想要的生活？可是我依然咬著牙，繼續前進，在矛盾與抗拒之中前行，會讓人無比痛苦，而唯有愛上你所做的一切，你才會體會平靜的快樂。

　　有時我會現實地想：為了那我值得的好生活，我必須在客戶那裡尋到一筆筆穩定的訂單。所以有時面對心靈的拷問，雖然自己被拷打得體無完膚，卻依然咬咬牙，將自己害羞內斂的天性收藏一隅，繼續奔波在那段也許並不適合自己的從商道路上。

　　在我們的辦公用品小店業務相對穩定之後，我決定另投資，我們的小店始終不夠強大，做得風雨飄搖，殘酷的競爭、微薄的利潤，兩個人在一個鍋裡舀飯吃，一榮俱榮，一損俱損的危險意識，讓我最終想到另起爐灶，二次創業。

　　可是離開老家到他鄉，也許從根上讓東少了我的相伴，讓他有種失去手臂般不能平衡，也讓他有了形單影隻的孤獨。

女作家紅塵在《越野越西藏》一書中曾說到，她在西藏一個冰冷的清晨起來，準備用井裡打出來的水洗臉，可是那井水，像積澱千年的雪水寒冷得把手的骨頭都要凍斷了，根本無法用手擰毛巾。這時，她的丈夫──一直被她譽為哥哥的人，聰明地一把拿過她手中溼漉漉的毛巾，抓住毛巾的一頭在空中一陣狂甩，然後把抖落了雪水的毛巾遞給她先洗。她說：「很多時候彼此不用說話，但我們倆配合默契得就像同一個媽生的『雙胞胎』。」這句話讓我感動了很久。

　　結婚多年的夫妻，很多人說熟悉得如左手摸右手般無趣，可是在兩個惺惺相惜的人眼裡，熟悉得無須更多言語的默契，卻是一對結婚十年的人之間一筆無以代替的珍貴財富。我把東摔斷鎖骨的意外當做他對我的挽留，我們的事業離不開我們的同心同德，在我們堅持了三年的創業風雨路上，一路上有我和他的腳印，而今我離開老家到他鄉發展，他用這種近乎殘酷的方式挽留我。東的一場意外，讓我重新審視自己想要的生活。

　　也許，我和東正是有如連著根的荷塘蓮藕，一拉藕蒂，蓮的根也跟著一併被扯動，那一池的水瞬間跟著渾濁了。東正是用這場意外的摔車、骨折，將我拉回他的身邊。儘管我們的投資最終顆粒無收，可是我們的相守最終讓彼此收拾起了要遠遊的心，什麼都不如相親相愛、相互守望來得更加重要。

　　東進醫院之後，東的姊姊主動辭職來我們的店裡幫忙做事，我忙於打理店裡的事情，東只有交給婆婆照顧了。

　　婆婆再次拖著病體，來到我們家，東骨折了，她來照顧她的兒子，我也是第一次和婆婆長久地住在一起，朝夕相處。我相信是老天，特意安排了這場聚會，儘管我們不知道，這場聚會，最終會以人去樓空為代價。可

是，它畢竟如此恩慈地讓我與婆婆有了真正在一起的大段時光。

婆婆來了，我很好

我像在某種預感的感召下，在結婚┃年之後，向婆婆發出同住的邀請，請她在東出院後仍在我們家住一段時間，而她也毫無懸念地為我們留下了，與公公成了週末夫妻。

婆婆來了。身為母親的她，在晚輩們遇到困難的時候，總是挺身而出，毫不計較地付出，世間有萬千種愛，但沒有哪一種愛可以與母愛相提並論。

母愛，總是在你需要的時候，如一團火瞬間照亮你的周圍，溫暖你，環繞你，擁抱你；可是當你榮光時，她卻低調地躲得遠遠的，也許隔著一扇窗，也許隔著山河歲月，看似不聞不問，其實她也在世界的某個角落為你的成功而悄悄地雀喜，小小地興奮。

只是當你容光煥發時，你可能在所有光鮮之後，很少能想到那日漸衰老的火苗。你粗心地以為，那如同星星之火一樣的愛，會無期限、無限制地擁有火種一樣的光芒，不遠不近的，一直都在。就像聖經上說：要有光，於是便有了光。可是作為孩子的我們，從來沒有想過火苗始終都有熄滅的一天，在你始料不及的時候。

雖然火苗在經歷年輕時的旺盛，將最熾熱的溫度以另一種方式輸入我們年輕的體內後，他們便慢慢駝起了背，佝起了腰，甚至漸漸疾病纏身，可是那種愛卻依然隨時待命般，等待著子女的一聲召喚，在你需要時來到身旁。

不管我們年齡幾何，火苗依然保持著最初的溫度，在你需要時，敞開最溫暖的懷抱。

當那天我跟朋友說起，我婆婆對我有多好時，她嗤之以鼻地說：「還不是因為她兒子要吃，妳看妳一個人在家，她會不會花那麼多心思為你做飯。」事實證明，她錯了。東住院的時候，當時孩子長期在我媽媽那邊，沒有回來，家裡就剩下我一人要吃飯，婆婆自己也吃不進任何飯菜，可是每天她都會為我準備豐盛、有營養的晚餐，還去買了本煲湯的書來對照著為我換著花樣弄。

　　我從來不會質疑婆婆對我的愛心，我始終相信有一種婆媳之愛，經由一根紐帶，相惜相愛。

　　那段時間，回到家裡，雖然沒有東在家，可是家裡並不冷清，永遠都有暖暖的燈光等著我，家裡永遠都有婆婆熱情的笑臉，無論在外多麼疲乏，一回到那個有我和東生活影子的家，一回家看到婆婆笑意滿滿地將熱騰騰的飯菜端上飯桌，我就輕鬆地感到，我從來不是一個人在戰鬥。

　　我坐在大飯桌邊上，一邊吃著婆婆親手做的可口的飯菜，一邊和婆婆聊天，跟她說東今天看起來好多了，跟她說今天店裡是如何的忙碌，而婆婆儘管暗啞著聲音，但我們之間的交流依然毫無障礙。

　　婆婆總是說：「一切都會好起來的，妳在外面也辛苦，家裡的事就都交給我了。妳不用擔心。」那個時候，我的確從她暗弱的聲音裡聽到來自她內心的強大的力量。這個堅強的女人，一直在身旁為我打氣，並默默地支持著我，為我的小家做著她力所能及的一切。雖然依然擔心兒子的病情，可是她從未在我面前流露出一絲憂愁，她總是信心滿滿地為我打氣，從不愁雲密布，從不將壞情緒傳染給我。所以回到家，我總能在家裡感到一股生動的氣息在流動，儘管婆婆依然每天吃藥，儘管她依然是個不折不扣的癌症病人。

當東出院回家休息之後，我向婆婆提出，希望她能繼續和我們一起生活。

　　有一晚看節目，一位明星被問到，結婚以後是否願意和婆婆住在一起時，那個年輕的女明星快速地回答：不願意。主持人提醒她，是否能夠為像他們這樣年紀的男人考慮一下。一個並不年輕的男人，在娶妻之後，母親已經年老需要照顧。可是，真的沒有多少媳婦希望和婆婆生活在一起。

　　而我覺得與婆婆相處並不難。也許你會說，這是因為我們婆媳並沒有真正地待在一起長久地過日子，可是，我像在某種預感的感召下，在結婚十年之後，向婆婆發出同住的邀請，請她在東出院後仍在我們家住一段時間，而她也毫無懸念地為我們留下了，與公公成了週末夫妻。有時，公公會隔兩天到我們家，為我們帶點新鮮的蔬菜過來，順便看看婆婆。

　　那個春季，婆婆的身體一直很好，沒有生病，沒有不適，甚至沒有感冒。我把婆婆當做普通人一樣對待，任由她為我們買菜、做飯、打掃清潔。

　　每天回家吃過晚飯，家裡那個男人如果在裡屋玩電腦，我們兩個女人就在客廳裡，或是小聲聊天，或是我看書，她織毛衣，總之家裡很安靜，感覺有婆婆在的家讓我無比心安。

　　樓下有孩子們的笑鬧聲，家裡有橘黃的燈光，靜靜的空氣裡吹著寧靜溫馨的氣泡，像童話裡的時光，而我充分享受著這樣的靜謐時光。想來，要尋找自己的瓦爾登湖，並不需要跑到深山野林，並不需要跑到 19 世紀梭羅（Henry David Thoreau）生活過的湖邊，在家裡也能坐擁一汪澄澈的湖水，駐足泛舟，四目遠望，可以將心底一縷縷溫柔灑滿這碧波萬頃的想像家園。

有人等待的家，總是讓人想極速回家。每天從外面回來，總能看見瓦斯爐上擺滿了挑好的菜，熬好的湯，等我們一進家門，婆婆就用瓦斯爐炒菜，這樣我們就能吃上熱騰騰的飯菜，有營養的湯。這樣的好時光，讓我無比迷戀。

結婚以來，一直是我和東單獨在一起過日子，小日子可豐可儉，可是第一次感覺自己就像個孩子一樣迷戀著這個家，而不管長到多少歲，是家的地方，一定得有媽媽。而我的家裡，有了婆婆媽，也讓我感覺很幸福，由衷地幸福。

婆婆對待我和東，一直一視同仁，你感受不到她對兒子的偏祖，她更不會只對兒子說「兒子，吃這個吃那個」，而對媳婦不聞不問。婆婆時常用自己一生在身體上的教訓為我這個媳婦上課，跟我說：「女人到了三十歲的年齡就要開始進補了，可以吃阿膠補氣血，可以補充些適量的維他命，在熬湯上也頗有講究……」飽受一生病痛的婆婆，儼然成了半個營養專家，將她一生的生活哲學傳授給我。

穿針引線又成了我們共同的愛好

我很喜歡看婆婆做手工的樣子，靜靜地坐在她身旁，看她低眉俯首的樣子，看她挺拔的鼻梁，側面清晰的輪廓，那一針一線似在雲端穿來繞去的手，都有最美麗的樣子。而我這個動手能力非常弱的媳婦，在婆婆那裡從來沒有遭到過嫌棄，她也從未因此指責過我不夠能幹。面對針線工作這樣的事，我一直不敢邀功請賞，怕在她面前出盡洋相。

也就是在那一段，我和婆婆真正有了婆媳朝夕相處的時間。每天晚

上，回到家，吃完飯，有空便和婆婆聊家常，我真心地願意聽她說那些陳年舊事，也非常願意聽她說今天在報上看到的新聞，有時婆婆還會拉著我說，今天又去買了一段花布給你們，可以用來做被套。然後，婆婆就像拿出她的寶貝般，向我展示那段花布。而我則像個道地的小媳婦那樣，睜著兩隻大大的眼睛，與她坐在床頭，看她將花布做成被面，用柔軟的棉布做裡子，然後一針一線地為我們縫製被套。

我很喜歡看婆婆做手工的樣子，我靜靜地坐在她身旁，看她低眉俯首的樣子，看她挺拔的鼻梁，側面清晰的輪廓，那一針一線似在雲端穿來繞去的手，都有最美麗的樣了。那一刻，讓我看到，婆婆年輕時，是個美人，也是個能幹的媳婦，而我這個動手能力非常弱的媳婦，在婆婆那裡從來沒有遭到過嫌棄，她也從未因此指責過我不夠能幹。面對針線活這樣的事，我一直不敢邀功請賞，怕在她面前出盡洋相。

我本人對針線活，確實很沒有天賦，不僅是沒有天賦，我拿針的樣子，真的可以用笨手笨腳來形容。可是正因為如此，我更是對那些針下能行雲流水的女子投以最仰望的目光，看到她們織出好看的針腳，看到她們穿針引線沒多久就描出一朵花，畫出一瓣草，我總是羨慕至極。所以對婆婆將一床花布縫成好看實用的被套，我除了崇拜外，還會做出外行也要看出個門道的架勢來，無比好學地待在婆婆旁邊，看得個目不轉睛。對我這個「勤奮好學」癡性不改，卻又著實笨手笨腳的媳婦，婆婆自然也不好掃我的興，同時，這樣的閨密繡事又讓我們婆媳更是多出幾分親近之感。

於是，我也跟隨流行買來十字繡，想在家裡也做做女紅。家裡那個人在旁邊嘲笑著，連縫扣子都不會的人還想拿繡花針，真是可笑！可是我就想，那是我的夢想呀，多淑女呀，挑燈夜繡，紅袖添香，大概也是圓我一個女人的夢吧。對了，還想去學古箏，若是能彈出高山流水，就是不遠

遊，也自是在心中神遊了世界一圈。這兩個夢想是無論如何都要實現的。呵呵呵！

　　於是在針線活上，婆婆成了我的老師，面對那繁複的圖紙，一個個的小格子，如何將一個個的小格子填得滿滿當當，如何在一個個小格子裡描出一朵花，一隻貓的腳，一個孩子的手，這真不是一般的體力活。婆婆以她非常專業的織過毛衣的手，看過毛衣圖紙的眼，幫我看懂了十字繡的圖紙，終是為我起針，開頭。我的繡事，總算開張。在針線活上，我基本屬於弱智，管它的，是自己的夢想，胡亂開始操作，低頭認真地穿針引線，終在兩個小時裡，描出了兩朵花的形狀。

　　當我那隻拿慣了筆的手，拿起繡花針時，便大膽地開始想像自己是那個開始刺繡的女子，雖不是穿著繡花上衣的民國佳人，雖針下不能繡出牡丹、喜鵲、竹子的國色天香，無法繡出爛漫的夏、飄雪的冬，可是覺得用五顏六色的絲線，細細地織，密密地織，數格子，看圖樣，也別有一番情趣，還自得其樂地哼起了歌。想和身旁的人分享，可是那個人正背對著我看《神鬼奇航3》（*Pirates of the Caribbean: At World's End*），我和他說話，他說，自己做，不要來問我，我是搞不懂的。其實，他的手比我靈巧得多，只是這針線工作也不是他愛做的。

　　算了。

　　只好每織一段都去與婆婆分享，有時婆婆也會幫我織幾針，我最喜歡看婆婆俯首繡花的樣子，那番低頭、沉默、認真、執著、快意，看到她心無雜念的靜，彷彿對我來說也是另一種意義上的安全。這個時候不需要分享，不需要交流，甚至不需要被人理解。有句歌詞說「孤單是一個人的狂歡」，我是太喜歡這句話。讀書、寫字、剛開始的繡或者種花都是我喜歡

的孤單方式，它是靜默的，是只需要任內心流淌的小溪獨自奔流，沒有目的地，沒有阻礙地默默前行。那會是種酣暢的快意，靜默的快意，猶如心裡擺起的一席盛宴，只有我一人獨享，卻是那樣的大快人心。我在婆婆的低眉俯首間，也看到這種快意，所以婆婆雖是心靈手巧，卻自始至終，都不曾使用過縫紉機，而是選擇了一生都用手工針線來為我們做被套。

婆婆的確是能夠配上心靈手巧這樣的好詞的，心靈之人必聰明、乖巧、悟性高、善解人意；而我是距手巧差之甚遠之人，舞針引線如龍飛鳳舞、針下花朵盈盈、人物栩栩、竹葉通透、鳥語花香，想來是一番美景，可終是別人玉手下的一幅畫。不過，婆婆面對我疙疙瘩瘩、錯誤百出的小繡圖，從不曾嫌惡，總是一邊笑著指出，這裡錯啦，這裡該換上黑色的線，這裡數格數錯啦。面對婆婆的挑錯，我從來沒有感覺到無地自容，就像我從來不曾在她面前掩飾什麼一樣，糾錯的婆婆，卻讓我們更像一對母女，一對親生的母女，母親在嗔怪女兒的笨拙，女兒依然撒著嬌，沒有絲毫的不好意思。

再後來，我那塊十字繡，終未能成正果，又去買了一段緞帶繡來織，說是要給朋友繡兩個抱枕送她作新婚禮物，沒想到我這一繡就是三年，等到人家孩子都快三歲了，我這織物都沒有送出去。我那三腳貓功夫，總是在眼見別人的心靈手巧之後，就心發癢地忍不住要去嘗試，可是等到自己上手時，卻總是虎頭蛇尾，要慢工出細活地一針一線，一花一葉地繡來，卻又需要另一番作為了。很多時候，我是享受那樣的生活的，可是更多的時候要開個頭來拿起繡花針卻又是難了又難。彷彿寫作般，有那麼多好玩的事等著我去做，比如看電影，看書，找朋友聊聊天，都要比靜靜地坐在那裡，等待文思泉湧來得容易。繡事，也是如此，擱置一段的繡事，彷彿被冷凍起來般，及至要找到適當的溫度、適當的天氣、適當的夜晚，才能重新「開張」。

我也奇怪，自 14 歲離家求學開始，一直對女紅沒有絲毫修為的我，卻為何樂此不疲地要用女紅這樣的事來刺激自己？後來從婆婆身上，我終於明白，身為女人，始終都應該具有女人起碼的溫柔，不是對某個男人，而是女人應該有對自己的溫柔之心，刺繡能讓我找到這樣的溫柔之心。而與婆婆的相處，讓我也看盡了這個女人的溫柔與愛憐。

　　在她為兒子一針一線勾勒出的毛線衣裡，在她為我們縫製的被套裡，都能體會到身為這個家的女主人的溫柔之心，對兒子的，對孫子的，對家人的。所以在我們家從來就沒有叫囂，從來就沒有指責。家裡只擁有靜默的愉悅，一直認為，家必須是個寧靜的地方，才有家的溫馨。這樣的寧靜並非沒有交談，這樣的寧靜去除了在外的兵荒馬亂，廝殺拼打，有婆婆的家，讓我感到回歸自然的舒適。

　　婆婆從來不會向我嘮叨什麼，也從不會在家裡吵吵嚷嚷地說這說那，她也一直以來不會在人前人後說我這個媳婦的不是，而在所有人面前，婆婆從來都只說我好。而我更不是刻意討好她，如果要討好一個人，刻意地，而且要那麼多年，日復一日，想來會是多麼心累的事情；而且妳要討好的這個人還是家裡的人，這又是件多麼悲哀的事啊！所以我和婆婆之間，並不是表面的禮尚往來，相敬如賓，而是發自內心的兩個女人之間的相互認可、相互關心、相互體貼。

　　當我坐在這裡回憶著一點一滴，在文字中再次與婆婆相見時，我也找到了我們婆媳相處默契的根本原因。愛女紅，讓我們擁有女人的溫柔之心；不忍傷害，讓我們彼此相融。

　　就是婆婆去世五年後的今天，當我再鑽進婆婆親手為我們縫製的棉布被子裡時，我似乎仍能感受到婆婆指尖的溫度，穿越時空般；而在我們將

被子拉上來的那一瞬,婆婆也讓那乾燥如漿洗過的被套,帶著陽光的味道,將溫暖一併裹在我們的身上。

現在想來,那段時間請婆婆留在身邊,真的是太過自私。我任由她做飯給我們吃,為我們打掃。可是我忽略了,她依然是那個需要照顧的病人,身體裡面埋藏著的癌症因子,如一顆顆定時炸彈,也許會隨時襲來。那段時間,她看起來像常人一樣健康,可是沒料到,那些蠢蠢欲動的病菌正以小部隊蠶食的速度,在侵蝕著她健康的身體。

但那段與婆婆共度的最後的健康時光,也讓我感覺幸福無比。因為有婆婆在家,一直在外打拚的孩子,終於有了有人在家等你吃飯的踏實,那個叫家的地方,因為有媽媽,變得更讓人依戀,更讓人想回家。

那時,我們上班去了,家裡就沒有人,回家後兩個人都有手機,就沒在家裡安裝市內電話。而婆婆來我家後,我們幫她買了一支手機,臨時有事不回家吃飯時,也方便通知她,免得她做一桌飯菜空等。

婆婆在家的日子,我們學會了拒絕不那麼重要的聚會,我們不再像年輕的時候一樣喜歡熱鬧而隨性應邀。因為家裡有個人在等著,下班早早回家去和她聊天說話,在很大程度上,變成了一件更重要的事。

時至今日,我仍然非常感激婆婆與我們同住的日子,讓我有機會享受她對我這個媳婦極致的寵愛,享受屬於兩個女人唯一的一段朝夕相處的時光。讓我享受到了有人打電話來問「今天回不回家吃飯」的關心,那個屬於我和東的家因為有了婆婆的留守,也融入了更多母性的溫情。

曾經與婆婆一起在陽臺上晾衣服,婆婆像所有的媽媽教女兒一樣對我說:「內褲不能反著晾,如果被小蟲爬過,穿了很容易生病。內衣褲可以掛在外面一點,讓它們曬曬陽光,殺死細菌。」而後無數次,當我站在陽

臺上晾衣服時，總是會想起婆婆這番話。

但是老天並沒有讓我長久地享受這樣的好日子，有一天，當我們回到家時，婆婆說她不舒服，說是感覺鼻子裡長了東西，感覺都要長出來了，要回家去看病。那時我們還沒買車，婆婆一人回家去了，拖著病體。婆婆這一走，再也沒有回來和我們一起住。

後來，再想起這一段，我總是流淚自責，我總認為，那段時間我們榨乾了婆婆的最後一滴血。身為子女的我們，更多地想到了自己。而身為母親的她，不懂拒絕地幫助我們，為我們付出得心甘情願。

婆婆真的生病了，鼻子裡長出了息肉，我帶著小醫院的檢查結果奔波於市區最好的醫院複查。複查的結果都說只是息肉而已，我一次次告訴婆婆放寬心。

可是沒料到，最致命的不是鼻子裡的息肉，而是脖子上後來突然長出的小膿包，那個小膿包正好長在她戴著金屬呼吸器的旁邊，這讓她非常著急，她有預感般地覺得那是癌症復發的前兆。我和東都安慰她，那不過是因為體內火氣大，導致脖子上長了膿瘡。可是婆婆卻極為擔心地奔波在一家家醫院，而我總是在她就診的過程中陪伴著她，握著她的手，讓她也從我這裡獲得力量和信心。

我終是不懂得臨終的關懷

一個人的生命一旦脆弱起來，就像坐溜滑梯，是拉不住的。

婆婆最初在離家最近的小醫院住院，昏暗的燈光，病房裡只有婆婆和公公兩人，病情不太重的病人都回家了。我們陪著婆婆說話，問情況怎麼

樣。公公帶我們去問醫生，婆婆說公公老是瞞著他，我一邊賠笑著，一邊說：「怎麼可能呢，妳也是久經考驗的老手了。而且就算有什麼，也可以治療啊。媽媽，妳別想那麼多，心情好才能配合醫生治療啊。」

隨後，公公帶著我們去了醫生辦公室。可以想像，婆婆一個人坐在空曠的病房裡，四壁的白牆，有些斑駁的黑影，醫院的房間始終讓人產生寒意，日光燈慘白的光線抽在人臉上，露出面無血色的淒淒慘慘。醫院無論怎樣美化，當看到穿著條紋病服的病人，躺在床上表情擰巴地呻吟時，都給人一種畏懼和寒意。而身在其中，滿身是病的婆婆，把她一個人留在病室裡，恐怕更是如掉進洞穴深淵一樣，感覺周遭黑暗無比吧。

我知道那時還能四處走動，看似與常人無異的婆婆，其實心裡充滿著焦慮。這也只能讓她的思維比常人轉得更快，很多時候，沒有誰比本人更了解自己的身體。在我離開病房，關門的一剎那，似乎也關上了婆婆的希望之門。她在身後的眼神是那樣的企盼，唯願我們可以給她一個好的結局。而這樣的結局，真的不是我們這些做子女的可以給的。老天，有時太會捉弄人。

在醫生辦公室，醫生表情凝重地跟我們說：「應該是癌症復發。以我們的臨床經驗，對像你媽媽這種情況的患者還沒有什麼辦法，你們可以將她轉到市區醫院接受治療，看看有沒有其他辦法。」

我的心一點點往下沉。可是，我們還得帶著笑容回到病房。我從病房的玻璃窗看到婆婆低著頭，無所事事地坐在床邊，她的身影顯得無比的寂寞和無助。我也不知道她在想什麼，可是我知道，她的不安和我一樣。在推開門的一剎那，我也只好和大姑整理好笑容，決定瞞一天是一天。我們兩個女人只能說：「媽，這裡的醫術太差了，他們無法診斷，這樣，明天

我們到市區醫院看看。您上次手術不也是在市區醫院做的嗎？」

　　婆婆聽到我這樣說，也滿懷希望似的，黯然的兩眼開始發光，應道：「嗯，也是。這裡連我這樣的病人他們都沒聽見過，連拔這個金屬管，他們都不敢拔，那天還是妳爸拔的呢。好，明天我們去看看十幾年前幫我做氣管切開手術的那個教授還在上班沒？」

　　細心的婆婆又從包裡，拿出十幾年前的老病歷，這些病歷在她看病時都隨身攜帶著。老病號看病早已看出經驗了。我看著那些發黃的舊病歷，有的是婆婆1980年代的病歷本，她都保存著。那些捲曲著邊，有著黑黑的封面的病歷本，都一點一滴地記錄著她這些年來尋醫就診的情況。我在那一堆毫無表情、冷酷無情的病歷本裡，卻看出婆婆對生命的渴望，她一直非常頑強地對抗著那些癌細胞，頑強地活著，甚至那些醫生在看了她所有的病歷之後，都覺得有一種神奇的力量在她體內，讓她闖過一關又一關，活到了59歲。

　　第二天再去醫院，公公說，婆婆自我們走後，一個人哭了一夜。而那樣的哭泣是對自己生死未卜的迷茫，這種迷茫是任何家人都不能完全了解的，也無法給予更實質的幫助。

　　那天，其實是婆婆59歲的生日。我的媽媽本來提醒我，讓我們替婆婆過完生日，再去醫院，可是那個時候我想，這個時候哪裡還管什麼生日，只要能及時地幫助到婆婆，確診病因，然後接受治療，以後的生日會有機會好好地過。這一個生日不過又能怎麼樣呢？事實證明，我媽媽的話是對的。這其實是婆婆在世上的最後一個生日，也許老姐妹之間真是心心相印地互傳著訊息。而我們做兒女的卻粗枝大葉，總以為一切都來得及。

　　婆婆生日那天，我帶著婆婆去了市區醫院，找了十幾年前幫她做氣管

手術的教授。老醫生仍在門診看病,我們找到了她。她為婆婆做了檢查,我們也將片子給她看了看,她讓婆婆立即住院,接受檢查。

每次就診,婆婆都滿懷著希望,在她心裡一定要活下去的念頭總是讓她無比堅強地應對所有的變故。所以找以前給她看過病的老醫生,她認為老醫生了解她的情況,也是她生的希望。

住進醫院,醫生再次做了全面檢查,並且做了切片檢查。當我再次找到那位女教授時,女教授告訴了我切片檢查結果:甲狀腺癌復發,而且因為婆婆的年紀以及她的喉部做過兩次手術,醫生不能再替她動手術了,並且她的身體狀況不能承受化療放療,醫生也只能無奈地建議她回家休息。

面對醫生如此無情的宣布,我心急如焚,我如何去將這樣的結果告訴信心滿滿的婆婆啊?她是那麼一個嚮往生的人。從大醫院出來,我們又帶著婆婆去了附近幾家醫院,醫生看過所有的檢查之後,結論依然如是。婆婆看起來非常失落,可是似乎也只有接受回家的命運。我們勸說她,也許回家吃吃抗癌的藥,飲食上調整,說不定可以有所好轉。

可是,婆婆生的願望是如此強烈。還記得從某醫院檢查出來,婆婆拿著包裡帶的一份在醫院收到的報紙,要我們帶她到醫院對面的一家小藥局去拿藥,據說那家藥局裡的一種藥治好了很多癌症患者。我們知道,對於婆婆這種病,正規大醫院都治不好,怎麼能依賴這種小藥局?但為了滿足婆婆的心願,我們仍陪著她去找那個小藥局。

在醫院對面果然有一家不起眼的小藥局,門面分成兩個隔間,外面一間空蕩蕩的,甚至沒有人留守,走到裡面那間,只有一個穿著髒兮兮白大褂的醫生坐在那裡。狹小的牆壁空間裡貼著一些人體經絡圖片,那個醫生待婆婆坐定,開始詢問病情遊說婆婆,說他們這個藥物治療效果是如何的

有效，哪些國家領導人吃了他們的藥物也獲得了重生，諸如此類的話，說
了一大堆。東沒有聽遊醫胡講，而是到了外面那間，去看那些空蕩蕩的櫃
臺，拉開每一個藥櫃，裡面滿是老鼠屎，沒有一瓶藥。東知道，這裡就是
一個讓那些病急亂投醫的人尋求心理安慰的地方。

　　當那個江湖醫生開始說到他們的藥一盒多少錢時，東便拉住婆婆的
手，不讓她付錢。東說：「媽媽，不要相信他，他就是一個騙子，妳看他
外屋的藥櫃裡全是老鼠屎，沒有一瓶藥，走，我們走。」

　　這時，那個江湖醫生眼見到手的生意被東識破了，開始破口大罵，
「妳這個不孝子，哪有見著自己親媽見死不救的。她已病入膏肓，再不治
就沒救了。」我也相信東說的話，東並不是吝嗇那點錢，而婆婆不過是求
生心切，已分辨不清哪個是真哪個是假。東的爸爸在一旁也勸我們：「算
了，就了了她這個心願吧。其實，她只是想借著藥物從心理上安慰自己罷
了。醫生不給她開任何藥物，她心裡很慌。」

　　我們了解是婆婆病急亂投醫，醫院無情地請她回家，無異於宣判她的
「死刑」，一向倔強的婆婆如何能束手待斃，她總想著要為自己的生命做點
什麼。

　　最後，我們還是勸婆婆安心回家，說我們會為她打聽一下治療有效的
中藥，我也託我在外縣市的同學，幫我問問那邊腫瘤醫院的情況。我們
想，也許中藥治療並不一定會有多少效果，但是起碼會比那個遊醫亂七八
糟的藥有用一點吧。婆婆聽話地回到了自己家，我們也隔兩天就去看看
她，也帶她到一個知名老中醫那裡去看病開藥，可是所做的一切並不能制
止病魔瘋狂地襲擊她的身體。

　　婆婆脖子上的腫塊越長越大，時常會影響到她的呼吸。一天清晨，婆

婆突然打電話給我，說呼吸非常困難，需要馬上送她去醫院。在電話裡，婆婆的聲音是那樣急迫，不停地在電話裡說：「快點，快點，快點⋯⋯」婆婆的生命已是岌岌可危，我和東趕到家裡，看見她難受地大聲喘著氣，彷彿就只有一口氣支撐著她，我們馬上把她送到一間沒就診過的醫院。

這間醫院給了婆婆最後的希望，這裡的醫生說：可以動手術。這讓婆婆那幾天都充滿著希望地笑。這個消息，讓她再次對生充滿希望。她對我說：「我不相信我過不去這個檻。那麼多檻，我都過來了。以前是為孩子們，我一直對自己說，我要活下去，因為我的孩子還沒長大。現在，我依然想活下去，因為我想看到小孫了上大學。」

其實，婆婆的手術會相當複雜，因為她頸部周圍的血管有老化現象，這就需要移植幾根人造血管進去，而且手術難度非常大，因為靠近頸部大動脈，得借助體外呼吸機來幫助手術的完成。同時，手術風險也非常大，醫生們說說不定婆婆會倒在手術臺上。可是婆婆對生的希望抱著百分百的信念，就算手術有風險，她依然樂觀地想像自己能夠挺過去。當她聽到可以手術的消息時，她就像孩子一樣高興起來，不斷地表示這家醫院才是最棒的。可是婆婆生的希望沒有堅持多久，當她得知換一根血管需要 40 萬元的材料費時，她放棄了手術的機會，她不想讓孩子們拖一身債來為她治病。

在醫院的日子，婆婆還是非常有安全感，可是婆婆也非常擔心會突然離開我們。於是，我時常帶兒子去看她，五歲的兒子還不懂事，在病房裡跑來跑去，婆婆坐在病床上，叫著兒子的名字，也覺得高興。這樣，與孫同樂的畫面，她知道不會擁有太久，於是有時她會默默地因為開心而流淚。

偶爾呼吸困難了，婆婆擔心會立刻死去，會流著淚拉著我們的手說話，其實是在留遺言。

　　那日，我在她的病床前，婆婆拉著我的手流著淚說：「花兒，希望你們兩個能白頭偕老，東不是很懂事，你多原諒他。果兒要讓他讀大學。」我只有不住地點頭，我無法用語言去安慰她，只能讓她放心地說：「媽，我們會的。我們會好好地過。」

　　醫生告訴我們，婆婆呼吸會越來越困難，因為那個腫塊還在繼續長大，最後如果大到堵住了金屬呼吸器，生命就會這樣結束了，婆婆隨時都有失去生命的可能。

　　在醫生再次宣判婆婆就是住在醫院也無濟於事時，婆婆也不願意回家，她不願意痛苦地死在家裡，她說起碼在醫院還可以得到及時的救護，不至於非常痛苦地走。於是，我們送她住進離家最近的醫院。那天在等待醫生開病房門時，她對醫生說了一句話，讓我心痛萬分，她說：「這次我是在這裡等死了。」1992 年，這個醫院曾經挽救了她將去的生命，十六年後，再進這家醫院，卻是知道結局般地要在這家醫院裡等待生命的消失。

　　我想沒有人真正懂得「向死而生」有多麼痛苦，及至看了《西藏生死書》，我才知道，關於死亡，是我們太多的執著，讓我們恐懼與害怕。書中說：「為什麼我們會生活在死亡的恐怖中呢？因為我們的本能欲望是要活著，而且繼續活下去，死亡卻無情地結束了我們熟悉的一切。我們認為死亡會把自己投入一無所知的深淵，或變成一個全然不同的人。」

　　「也許我們害怕死亡的最大理由，是因為不知道自己到底是誰。我們相信自己有一個獨立的、特殊的、個別的身分，但如果我們勇於面對它，就會發現這個身分是由一連串永無止境的元素支撐起來的：我們的姓名，

我們的傳記，我們的夥伴、家人、房子、工作、朋友、信用卡……我們的安全感就建立在這些脆弱而短暫的支持之上。當這些完全被拿走的時候，我們還知道到底是誰嗎？」

而那個時候，我沒有看過《西藏生死書》，婆婆也沒有看過，如果當年我知道這本書，我會在婆婆的病床前為她念完整本書，我要讓她在平靜中接受死亡的降臨，最終「活在生命的祕密和光輝中」。

而那時，我也萬般無奈地沉浸在婆婆將走的巨大陰影中不能自拔，當婆婆說出那句「等死」的話時，我也非常清楚，對我們做兒女的來說，這是最後的陪伴了。

當年的我還不知道「靈性成長」一詞，也並不知道做兒女的可以臨終關懷，讓婆婆可以走得更加安詳，沒有牽掛。

2012 年，看水木丁的《只願你曾被這個世界溫柔相待》，她寫道：「我活在一個人人互相粗暴以待的世界中，我從來不曾奢求我自己可以死得其所，我可以對自己很無情，可是在我不曾被溫柔對待過的此生裡，仍然有我內心最柔軟的部分，長在我愛的人的身體裡。我深愛過的人，我是多麼希望你們能夠被這個世界溫柔地對待，哪怕是在你們離去的時候，能夠有一雙手溫柔相握。」

這讓我寬慰，婆婆在醫院最後的時光，有我們的溫柔陪伴，即便這種陪伴顯得孤寂而無力；婆婆去世後，醫院的老婆婆為她溫柔地換上壽服，我們曾拉著她的手，感受母親身上最後一點溫度。所有在一起的時光，都在婆婆去了另一個世界以後，成為痛楚的懷念。

美好婆媳關係相處之道九：婆婆來了，不可怕

　　有許多媳婦對婆婆來了，都抱有警惕之心。似乎婆婆來了，就要攪亂小夫妻的生活節奏，帶著這樣的預設之心的媳婦，自然不可能正常地對待婆婆的每一次到訪。很多時候，我們看待一些事情，早在事物出現它本來面目前，就先下了結論，已有了判斷，而致使事實的真相不能如流水一樣自然地呈現。試想一想，是不是這樣？

　　比如，婆婆來了，我們也許會想她這是要來視察我這個媳婦是否懶惰？她是要管天管地地看我堆積的襪子有多少，又要來嘮叨一番了；也許她看見我們冰箱裡空空如也，又知道我們兩個人多久沒在家吃飯了，又會怪責我了。

　　很多時候，媳婦們會說：「我家婆婆就是看我不順眼。我搭個計程車，她要說我浪費；我買件新衣服，她要說我一天都在奢侈；我睡個懶覺，她要說我懶惰。她就是處處與我作對。」其實，親愛的，她並不是一定針對你，我的媽媽來我家也會嘮叨我：「沒見像你們這樣懶惰的，家裡蒙上厚厚的灰，都可以不管不問。」是她們的生命預設了太多框架，是她們接受的教育，讓她們一生節儉，保持勤勞的習慣。而她們不知道，承受著巨大生存壓力下的我們，回到家放鬆就是最重要的事，那些拖不完的地，洗不完的衣服，做不完的家務，就讓我們在想做的時候再去做吧，不想做的時候，何苦為難自己。

　　面對婆婆的指責，這個時候妳可以充耳不聞，繼續我行我素，花自己的錢大大方方，只要不是啃老族，那些已成習慣的嘮叨就如耳邊風吧，聽過就算了吧，不必記在心上。

　　這個時候媳婦們也完全沒有必要為了迎合婆婆的心意，而努力去做些

表面的功夫，維持表面的和平，做得一身委曲，婆婆看起來是滿意了，可是轉頭你可能將憤怒的矛頭轉向丈夫。也許婆婆上次來指責妳星期天貪睡，妳也試圖早起，可是早起的妳，不僅心情黯淡，而且精神頹靡，妳本能地排斥，卻因為想讓婆婆高興，而做那些「應該」做的事，可是做這一切與妳內心的價值觀相背時，這樣的逆心而為，不僅不會讓妳快樂，還會讓妳心生怨氣。

在莎娜雅‧羅曼（Sanaya Roman）的《活在喜悅中》（*Living with Joy*），我看到了這樣一小段話：「你生命中的每個情況都是被你靈魂創造出來的學習經驗，來教你如何獲得更多的愛和力量。」

所以不管婆婆隔三差五來你家，真實的目的是什麼，先尊重自己，擺平自己，再去面對婆婆。

婆婆的目光似乎都非常挑剔，那些不同意見的嘮叨讓許多媳婦無所適從。其實哪有那麼危言聳聽，婆婆是有婆婆的生活習慣，你們也有你們的。她不過是臨時突擊，而日子是你們自己的，等婆婆媽走後，妳就算讓老公當牛做馬，只要他做得心甘情願，別人也管不著；也許你們習慣晚睡，習慣晚起，她也不天天守在你跟前，怎麼高興怎麼辦；也許妳喜歡買新衣換心情，婆婆節約不堪，那就在去見婆婆時盡量少鮮衣怒馬，低調行事。

而那些與婆婆朝夕相處的媳婦，也並沒有想像的那麼委屈，同是女人，總能找到相同的愛好，總能找到相同的話題讓妳們和睦相處。也許某個下午，妳和她坐在一起織毛衣；也許某個清晨，妳們一起上街去買菜；也許某個夜晚，妳們共同等晚歸的人回來嘮叨了一晚上的廢話。日子如流水，讓它回歸平靜，它自然會適時地回報妳。

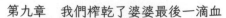

處理好婆媳關係，哪有那麼難。

我相信天下最神聖最偉大的愛，只有母愛。我也相信，婆媳之愛，也存在於母愛之中。因為兒子做紐帶，她們無怨無悔地付出，如蠟燭，蠟炬成灰淚始乾。

第十章
新婆婆來了，無法替代的痛

每年的正月十五

　　婆婆去世那天竟然是新婆婆的生日，這麼戲劇性的一幕，竟然發生在我的身上。我不知道每年的正月十五，要怎麼去面對，一個人的生，與另一個人的死。

　　「誰懂得一切不會永存，誰就能坦然承受命運，活在幸福平衡之中。總有一些事件，你不喜歡，它卻必然發生。總有一些技巧，我們不想掌握，卻務必了解。總有一些人，我們萬分眷戀，他們卻必定離開。另有一些人，我們不願相逢，他卻一定蹲在命運的轉角處耐心等你……」當我看到畢淑敏老師寫的這段話時，簡直覺得她將我見到新婆婆時的心情描述得淋漓盡致。

　　有些人你萬分留戀，終是有散的那一天，而有些人，你一生都不想碰面，她卻一定在命運的轉角等著你。在我心中，她們帶著嘲諷的味道，帶著些許的看笑話的模樣，嘴角微微上揚，在某些無煙的戰場上，她是勝利者，而我們都是敗兵。

　　也許生命的無奈彰顯於此。婆婆走了，在婆婆去世三個月後，公公讓東和大姑回家，告訴我們他有了相好的伴。當我回到那個沒有婆婆的「新家」，家裡的一切倒是沒變模樣，婆婆的遺像仍在裡屋中間掛著，正對著床，可是床邊，有那個女人鮮紅的睡衣，床上散著她的衣服。她此時正在廚房忙裡忙外，當她忙完坐到我們跟前，我無論如何也不能將眼前這個女人與我心中的親人畫上等號。

　　她黝黑的皮膚，穿著一件緊身 T 恤，加一條窄管褲，身材矮小且有些肥胖。那一刻，我只覺得家裡來了一位客人，可是那房裡衣架上掛著的紅

色的睡衣，絕不是婆婆的，婆婆從來不穿那種絲製的睡衣，一向穿棉布碎花衣的她，是我在家裡看慣了的模樣。家裡看似什麼都沒變，這個聰明的女人初來乍到顯得彬彬有禮，被公公說成是尊重他以前生活的一切，不動婆婆的遺像，不動家具的方位，甚至連床對著婆婆的遺像她都毫無怨言。

可是我知道這個看似一切都沒變的家，一切都變了。少了婆婆的味道，少了她那如花般的笑顏，少了她那沙啞的聲音，少了她見到我們與孩子時迎出來的模樣，少了她拿著一劑針管邊朝胃裡打湯，邊按著金屬器具與我們說話的樣子，家裡少了她，一切都變了。

當公公徵求我們子女的意見時，我的心情低到谷底，無法說出自己真實的意見。事實上那一刻，我滿腦亂麻，公公問我話，我只能哼哼哈哈，我根本還沒從婆婆去世的陰影中走出來，更別說那麼快要接受這樣一個毫不相干的人了。

在與她的第一場「戰役」中，我們做子女的都敗下陣來。不過顧及公公的面子，我們沒有強行說反對，只說需要爸爸您自己了解清楚。其實我們心裡很清楚，公公也不是個隨便的人，他願意把她介紹給我們，也是鐵了心要和這個人過後半輩子。對於我們子女的意見，他哪裡聽得進去，他只是聽進了前一句「我們不反對」，後來也在親戚面前宣稱，子女對他們的戀情沒有反對，而我們的後一句「自己好好了解再決定」，並沒有上心。

所謂新人，一切都是新的，了解來了解去，都是有趣可愛的一面，於是這個女人最終堂而皇之地成為這個家的女主人。

公公以前在家，一向大小事務都是婆婆做主，雖然婆婆一直有病在身，可是婆婆的善解人意與充分的決斷能力，讓她就像一個家族的引領者，聚攏孩子們，也打點大大小小的家事。新婆婆來了之後，公公一切事

務均聽她安排。而對於和子女溝通的事，竟然也都由她來代勞。

公公不知道，其實在孩子們心中，爸爸還是那個爸爸，不過他身邊的那個人不再是那個媽媽。公公一直是軍人作風，也不善於和子女溝通，以前婆婆在，當公公與子女有矛盾時，婆婆會從中兩邊做好人，兩邊撮合。可是這個女人來了，公公也是放心地將一切事務交由這個她來處理。

新婆婆來了。不願相逢，卻成為另一種相逢。更加偶然的是，婆婆去世那天是正月十五，而新婆婆的生日正好是正月十五，這樣的巧合，讓我根本不知道每年要怎麼去面對同一個正月十五。這一天，一個人的生，與另一個人的死。

婆婆去世後第一年的正月十五，我們去替婆婆掃墓之後，公公叫我們一起回家吃飯。那頓飯是我有生以來吃得最難過的一頓，新婆婆叫上了她的朋友們，在公公家外的餐廳裡擺了一桌，當我知道她那天過生日時，心底的難受，就像吃了一堆垃圾，吐又吐不出來，咽又咽不下去。

席間，我一直沉默，一言不發。我甚至不會表面工夫，我甚至根本無法去敷衍，更不會理會別人怎麼看我的表情，我沉著臉，吃不下任何東西。我不能在這個時間，在這個日子，還和人杯酒相勸，我沒有那麼多快樂，今天是婆婆的祭日，我哪裡笑得出來？更何況竟然是這樣一種狹路相逢，這樣一種巧合。我真心地想唱那首歌：「有人聽到新人笑，有誰聽到舊人哭。」

迎合，笑臉，杯影相交，而我的心只想哭。事後，那個女人問大姑：怎麼看花兒不高興？我如何能高興？真是一個奇怪的問題，我婆婆去年的今天去世，我如何高興得起來？

一直不冷不熱地維持著表面工夫，我們不再經常回家了，只在逢年過

節，或是公公過生日時才回家去。以前婆婆在的時候，最多兩週我們就會回一次家，可是沒有了婆婆的家，我已找不到當初的溫暖，更別說家裡有了另一個女主人，那裡的一切讓我們那麼陌生。在家的廚房裡，我找不到原來放鹽罐的位置，還添了一些我不清楚的什麼空氣淨化器。

那個廚房，曾經承載著我們兩個女人最多回憶的地方，可是因為另一個女人的入侵，已是面目全非。我像一個繳了械，失去陣地的戰士，哪裡還有什麼勇氣和快樂可言？那個家，成了我避免回去的地方，而那些新生力量催生的不熟悉，讓我更是懼怕回到對比的那個過往中去。一面是回不去的過去，一面是不斷的新的刺激。

我終究無法自圓其說，於是只能少回家，也不敢去面對。

也許只有寫過這一章，寫下這些文字，才能放下所有的不解與怨念，這對我來說是一種救贖，對我的心靈是一種放下。我需要用這種開放的感覺來對待這一切。

一切都在隱祕地變化，我卻束手無策

婆婆去世後，我沒有再進過那間廚房，沒有幫著新婆婆做過一頓飯，我就像是一個迷路的小女孩，怕踏進那間廚房激起的洶湧而來、排山倒海的記憶。那些記憶將淹沒掉我，那擺著熟悉碗筷的櫥櫃還在那裡，可是身邊那個熟悉的人不見了。那個地方是我們兩個女人的陣地，可是現在自己的陣地來了另一個女人，一個看似不相干的女人，卻因為公公與她的親密關係，我們這些做兒女的也要接受她成為一家人。

那段時間，就算是在家拖地時，我頭腦裡都滿是婆婆，也滿是公公和

那個女人的身影，我為婆婆鳴不平。我猶如走進一個看不到出口的死胡同，胡同四周滿牆都攀著爬牆虎，鬱鬱蒼蒼又密不透風，讓我在這個暗不見天日的「盒子」裡如一頭困獸般來回打轉，焦躁走動，思維快速旋轉，又極具折磨性，想不到一丁點辦法治療內心的焦慮，身陷其中時，束手無策，不知折返，也不知退讓。

我始終想不明白，兩個人四十年的感情怎麼可以在其中一個人走了不到三個月就煙消雲散，而需要啟動另一段新的感情去點燃自己內心的熱鬧。

心底的問號接連冒出來，像孩子們通常玩的「打地鼠」遊戲，剛一冒頭，就被他們打下去。問號拚命冒，我拚命地追打著腦子裡冒出來的那些「地鼠」，十分辛苦。

東一向知道父親給予了媽媽多少犧牲和照顧，所以他勸慰我說：「就看在他辛苦一生的情況下，由著他去吧。」

東望著我，也是不知所措。興許沒有哪家媳婦，會如此在意公公是不是要再娶。

於是，有了那個女人的家不再是我和東，以及大姑的家。我們只是偶爾回去看一下公公，我們也只是去那裡吃一頓飯，然後和大姑的家人一起去河邊走走了事。在那個家裡，我們感覺到從未有過的彆扭。

儘管婆婆的房間看似沒有改變，可是在我眼裡一切都變了。家裡甚至連擺放婆婆遺像的地方都沒有動過，可是，我怎麼看那個家都覺得彆扭。婆婆走後，我覺得自己成了那個家的客人，那裡似乎不再是我們的家。

婆婆去世後，我沒有再進過那間廚房，沒有幫著新婆婆做過一頓飯，我就像是一個迷路的小女孩，怕踏進那間廚房激起的洶湧而來、排山倒海

的記憶。那些記憶將淹沒我，那擺著熟悉碗筷的櫥櫃還在那裡，可是身邊那個熟悉的人不見了。那個地方是我們兩個女人的陣地，可是現在自己的陣地來了另一個女人，一個看似不相干的女人，卻因為公公與她的親密關係，我們這些做兒女的也要接受她成為一家人。

突然，我就變得如此狹隘了。那極短的時間，完全無法修復的喪母之痛，以及突然出現在生活中，硬生生拉扯在一起，要建立親密關係的女人，讓我在痛苦與困惑中攪拌。如在泥地裡打滾，除了弄得自己一身髒兮兮，根本無法神清氣爽地應對生活中的變數。

突然有了那種質數的孤獨，除了被自身和 1 整除，尋覓不到被包容的溫暖，和與人相近的溫馨。這一切更加重了我內心對婆婆的思念，那些思念如蠶蛹吐絲，將自己層層包裹，我真的想等待自己破繭而出的那一刻，尋找到那個繭外的洞口，讓我看到光亮，也看到希望。可是有些人，有些事，卻是如銅鏡，時間越長，擦拭的次數越多，越加閃亮。

我也知道，這本身並不正常，我用各種靈性書籍來疏導自己，我用所看過的書來引導自己。可是沒有用，好不容易從書中吸取的一點精華思想，可是在看到那個人的所作所為之後又土崩瓦解了。

每年的正月十五，我們一家人會相約公公去婆婆的墓前掃墓。可是每次，新婆婆也會跟著去，這讓我覺得屬於一家人的私密空間沒有了，她無端地介入我們的生活，如此突兀。

第一次和我們去掃墓，她為婆婆上香時，竟然在墓前對著婆婆的相片說：「保佑我和他永遠在一起。」我聽著這句話，一時哽咽：「保佑你們永遠在一起了，那我的婆婆呢，誰來保佑她和誰永遠在一起呢？」

一向沉默的我，並未多言，也不好在婆婆的墓前對她發作起來。可是

在上車之前，我躲在東的背後，悄悄地哭泣。我哭，是因為我還在深深地思念著我的婆婆，我不能容忍任何人讓已在天堂的婆婆受委屈。我不敢說，世界上最愛我的那個人走了，可是她也是我在這個世界上最愛的人之一，而她於我的好，她為我留下的，是無人替代的地位。

新婆婆在和大姑交心時，也說過，她從未想過要取代婆婆的位置。可是就是這樣的表白，也未能打動我。是婆婆在我心中的位置太重，重得不能再容下其他人。以前在書中經常看到那樣的戀愛故事，男主角死了，這個女主角會轉不過彎地說「不會再有一個他了」。我不知道戀愛中的男女是否會因為用情太深切而失去理智，可是我想，對於親情的喪失來說，更是無法用「取代」二字。

表面上看，那個女人的到來並未改變什麼，可是我知道家裡其實變了太多。她成了家的女主人，家裡的一切也得圍著她轉。

公公 68 歲的生日，不僅請了婆婆的兄弟姐妹，也請了那個女人的兄弟姐妹。我們與舅舅阿姨坐一桌，新婆婆與她的兄弟姐妹坐一桌，公公一直陪坐在他們那桌，很尷尬地並沒有給兩桌的親人互相介紹。於是，雖然同是祝賀公公生日的兩桌人，卻看似沒有任何關係地坐在一起吃飯，那種感覺相當奇怪。

公公只是偶爾到我們桌來圓場幾句，自始至終也沒有坐下來與舅舅阿姨他們一起親切地聊上幾句。

那一刻，我真的覺得公公與婆婆確實早已各自走遠。

那個五月，我記得很清楚，我穿著花裙子在露天的餐廳裡跟著兒子在陽光下走來走去，我從未正眼看一下那個女人以及與她有關的家人。而我一直和舅舅、阿姨熱情地交談，我不想疏遠了這些關係，這些都是與婆婆

密切相關的人，他們是我真正的親人。以前不明白，為什麼當婆婆去世之後，大家會說一些以後要多往來之類的話，我想婆婆的姐弟也是最親近的人，有什麼理由會因為她去世而不再往來呢？卻沒曾想過，如果公公的生活裡來了另一個女人，他的世界也會隨之發生變化，他有權利選擇不再在舊生活裡行走。

當利益之門打開

長大成人的孩子，與父親是肩並肩獨立的大樹，只能眼望彼此的高度，卻不能用樹葉相互觸碰，不能用根鬚相互撫摸，沒有愛憐，不能觸及靈魂，對等的談話讓彼此成人以後疏離、淡然，找不到彼此的交集，也無法觸摸彼此真實的內心。

婆婆和公公以前住了二十年的房子，東和大姑在那個房子裡長大，我在那所房子裡曾經以一個準媳婦的身分與婆婆睡過同一張床；曾與婆婆在那個並不寬敞的廚房裡，合做過無數頓家人的午餐；小外甥曾因做包皮手術，躺在那張小床上等著我們去餵飯；果兒曾在那個鋪滿墊子的沙發上亂蹦亂跳，而婆婆只是看著他笑；那張小桌子，我和大姑、姐夫，還有東，曾坐在星期天下午的陽光裡，一起打過牌；還有我們結婚用的家具，後來因為添了新家具，而將它搬回了這個家，婆婆還一直用著它……在這個家裡，有太多家人共同的回憶；在這個家裡，有太多沾染婆婆手指溫度的物件還在家的各個角落，散發幽香。

說到婆婆的物件，我卻是一件都沒有留下，只有媽媽還留著婆婆的棒針和編織毛衣的書。我真後悔公公當時拿出婆婆的戒指和耳環時，我和大

姑都沒好意思留下。婆婆去世後，公公在家收拾婆婆所有的遺物，當看到一對黃金耳環和戒指時，公公拿出來說讓我和大姑一人拿一個留作紀念。

但當時我們心想，婆婆一生隨身攜帶的不過也就是這枚戒指和這對環狀耳環，於是我和大姑都推辭說：「爸爸，你也需要留個媽媽的東西留作紀念。這些東西就留給你吧。」公公也沒有與我們推辭，悄悄地把那對耳環和戒指收藏起來。

後來，沒想到，我們在新婆婆的耳朵上看到了婆婆的耳環。對於我們子女來說，那是婆婆唯一的遺物，我們想放在公公那裡，偶爾回家想婆婆時，還可以打開那片記憶，在那些金屬散發的叮噹聲中，尋找到有關婆婆的記憶。

可是公公卻將它饋贈於人，我知道不久的將來，那個女人一定會將它交給一個煉金匠人，將這塊小小的金子重新熔化出爐，變了它原來的模樣，而婆婆身上的氣息，也會隨著那高溫消失殆盡。每每想到這些，我就會無端地難過起來，婆婆與孩子們有生的唯一連接，公公都將它剪斷了。還有什麼可以留下呢？

原來婆婆住的房子就要拆了，我們建議公公不要急著搬家，好好和建商談談，爭取拿到兩戶房子。可是那個一生沒住過新房的女人，好像非常急切地要離開那個裝滿回憶的家，她沒有考慮過要兩戶，只是希望新房有至少 20 坪，最好還能賠點錢作為他們的裝修之用。

我和東從大姑那裡知道了一切，我們不答應。大姑一直租著別人的房子在那個偏僻的廠區裡住著。我自己沒有兄弟姐妹，對於我來說，她也是我們唯一的姐姐，作為弟弟、弟媳，我們怎麼都希望自己的姐姐能生活得更好。新房子，我們希望有大姑的份，於是我們回了趟家，告訴公公希望

他能考慮兩戶房子，讓大姑也有個真正意義上的家。

那天的談話非常不愉快，公公竟然說：「她已經出嫁，我可以不管她。」可是我們強調，婆婆在的時候，是說過這房子會留給我們兩姐弟。說起了久未提起的婆婆，公公似乎也很不愉快，公公居然口不擇言地將婆婆說成「前妻」，他非常清楚地向我們表達：「你媽媽為你們留下了什麼？什麼都沒留下！要不是因為你們這些孩子，我早就想跟她離婚了。」

我和東愣在了那裡。這是公公的心裡話嗎？

那天，那個女人自始至終沒有發言，那個時候她還沒有與公公真正意義上結婚，也許她自知沒有過多的發言權，可是公公為她如此之爭，想必她已覺得足夠了。

公公在外人看來是如此優秀的丈夫，也許早已被長年病怏怏的妻子磨得沒有了熱情，只不過我沒有想到，如此傷人的話會從公公嘴裡蹦出來，那麼一個和善的人，竟然會讓婆婆在去世後，還無辜地受到傷害。

此時，澄澈的心底有泛起髒物的感覺，人性的惡，漂浮在水中央。

公公和婆婆生活的那個地方，如同一個鎮，每天在街上兜兜轉轉都是那些熟悉的面孔，婆婆的病情很多人都知道。而公公每天陪著婆婆去買菜，每天晚飯後一起去散步，都是大家有目共睹的恩愛，那裡的很多人都羨慕婆婆的好命，都敬仰公婆的恩愛。可是人的內心，除了自己，沒有人知道最真實的內幕。

很多時候，許多人都戴著盔甲生活，活在外人的標準裡，也許早已痛苦不堪，卻也只能隱忍過活。

一如馬奎斯（Gabriel García Márquez）筆下《愛在瘟疫蔓延時》（*Love in the Time of Cholera*），那個表面看起來生活糜爛不堪的費洛倫蒂諾‧阿

里薩，在與不同的女人交往的內心裡，卻一直守著自己那段無望的愛情，默默地等待著費米娜‧達薩的丈夫能夠早早死去，自己可以照顧她的後半生。有時，這種守候未必真實，卻變成一種習慣，因為日復一日地強調，變成經典，如壓至書頁的銀杏葉，即便乾枯，卻仍倔強地展現美貌，日復一日地磨砂、重複，把謊言變成諾言，變成最忠實的守候。

愛，唯有自知。相濡以沫，還是相忘於江湖，人性的善惡、好壞、評判標準都只是每個人心底的一把直尺在丈量，很多時候為別人而活，而人之將老，看著歸期臨近，似乎另一種蓬勃新生的力量，又蠢蠢欲動，讓早生的華髮，如春日嫩葉，再度柳綠花紅，心生動態，執意要為自己活一回。或許正是如此，公公才不管不顧吧。

我幾乎是跌跌撞撞地走出那個家門，後背一陣陣地發冷，我不知道怎樣去告訴大姑，這個絕情的老爸，竟然可以為了另一個女人，不管自己的兒女，首先想到的也就是要給這個女人留一間房子。這個一直以來只住過平房，在沒有廚房沒有廁所的房子裡住了一輩子的女人，他想給她留間房子，雖然這個女人只和他在一起不到三年。

而公公，對於自己的親生女兒，一個她的孩子都長到十六歲，也沒有擁有過自己房子的女兒卻置之不顧。我沒想到在公公的腦子裡竟然還有如此守舊的思想，依然認為「嫁出去的女兒，潑出去的水」，面對女兒的窘迫，他可以坐視不管，卻更體貼另一個只與他有三年情誼的女人的生老病死。

也許愛情的魔力，不管年齡，不管時間，當它以迅雷不及掩耳之勢火速蔓延時，正是那句話，老房子也是會著火的。

我們和公公之間，之前一直維持著的表面和氣，也在那一天被徹底打破。

婆婆去世三週年的前一天，公公也許根本沒有記得第二天是婆婆的祭日，來跟我們說，他要在六十九歲生日時和那個女人結婚。

公公說，和她在一起三年了。而第二天才是婆婆三年的祭日，這是個多麼令人心痛的日子，他們卻在這個時候來高舉結婚大旗，還想所有的人都祝福他們，包括兒女。

對於親生的兒女來說，此時聽到這個消息，斷然不會覺得是個好消息，再聯想明天是婆婆的祭日，所受刺激的程度可想而知。有時，華人可以一生不會與家人溝通，也讓彼此吃盡了苦頭。我們沒法真正理解公公的內心，公公也沒有嘗試過與子女們做一次真正私密的交談。

成長起來的孩子，與父親是肩並肩獨立的大樹，只能眼望彼此的高度，卻不能用樹葉相互觸碰，不能用根鬚相互撫摸，沒有愛憐，不能觸及靈魂，對等的談話讓彼此成人以後疏離、淡然，找不到彼此的交集，也無法觸摸彼此真實的內心。

是對婆婆的思念太深，讓我和他們挑明說一些積在心頭很久的話。在他們要來的前一個晚上，一向靠著枕頭便睡的人，突然失眠了，無來由的，像有預感似的。結果第二天，他們就來告訴我們，他們要結婚了。

第二天，是正月十五，我送完兒子上學回來，坐在車上，心痛得直哭。頭要裂開似的疼痛，一個人在車上哭了許久，心裡覺得像哽著一塊巨大的石頭，怎麼都吞咽不下。我想婆婆了。我想去看她了，我就像一個受了欺負的小女孩，要急著去跟媽媽告狀一樣。

回到家，看到東，再一次埋在他懷裡，狠狠地哭了一場。我跟東說：「我要去看媽媽。」儘管我們在年前去看過婆婆了，可是這個時候我比任何時候都想去看她。東抱著我說：「想去就去吧。我們叫姊姊一起。」這個時

候，家已不再完整，我們不再會想到要找公公一起去了，因為那個女人，他們會整齊地出發，可是我根本不願意在婆婆的墓地與她站成一排，共同祭奠。

婆婆的墳墓在郊區很遠的山上，雖然那裡是個山明水秀的地方，可是從市區開車過去需要花上兩個小時的時間。我們和大姑、小外甥一起開車前去，果兒因為那天要上學，沒有帶他去。

車盤旋在彎曲的山路上，天陰著一張臉，如同我的心情。我和姐姐在車上說著公公的事情，東開著車沉默著。

我們買了十一朵菊花給婆婆，為她帶了些水果。遠遠地，我們看見婆婆的墳墓埋在那高高的石階上，每走近一步，我心裡都湧上難以言說的溫暖。

終於再次看到婆婆了，她慈祥的臉在冰冷的墓碑上沒有了溫度，可是笑容依然。我拿著毛巾，沾了水，將婆婆的墓碑慢慢地擦拭光亮，黑色的大理石墓碑剛還蒙著灰顯得鬱鬱寡歡，霎時因為我們的到來變得乾乾淨淨、神清氣爽。左右兩端的松樹，像兩個小保鑣護著婆婆。墓塚右邊那個封口的洞門上結著蜘蛛網，我們小心地將它們請走。

將菊花擺放在婆婆的墓前，青石做成的墓塚頓時有了鮮活的生氣。

我替兒子為婆婆燒好香，站在婆婆的墓碑前，給婆婆深深地鞠了三個躬，告訴她，她最心疼的小孫子，因為上學沒能來，我們和大姑、小外甥一起來看她來了。

是啊，婆婆走時，兒子才五歲，那時候婆婆老是想帶他走訪親戚，可是兒子一直身體多病，從來沒有跟著婆婆一起到她的那些親戚家去。可是婆婆去世之後，轉眼，兒子突然就像長大了似的，跟著我們前往婆婆的弟

弟家、妹妹家，跟著舅公、姨婆在河邊玩，在他們家住，都是常有的事了。如果婆婆在，她看到這些該有多高興啊！可惜，她再也看不見了。

「媽媽，果兒已經八歲了，非常懂事了。他還是經常會念叨起您，他和我們一樣覺得婆婆最好了。我們都非常好，您在那邊也要好好的。我們相信您在那邊會過得比這邊好……」絮絮叨叨地和婆婆說一席話，我們一邊燒金紙，一邊和婆婆說話，雖然沒有回音，可是畢竟我們可以盡情地在這裡述說。當東將鞭炮點燃，鞭炮巨大的響聲，彷彿又炸開了我心底的一道傷口，這裡再也沒有婆婆了，婆婆真的離我們遠去了，而在家裡主宰著整個家的女人，和我根本沒有什麼關係。

想到這裡，我又抽泣了起來。東將我攬進他的懷裡，用手撫著我的肩頭。這個沉默的男人，不會用更多的語言安慰我，可是他溫暖的擁抱，以及那一聲聲看似有些木訥的勸語卻讓我覺得安慰：「好了，好了，媽媽知道妳這份心的。」

我們為婆婆燒去各式各樣的紙錢，我們寄金元寶給她，寄陰幣大鈔給她，給她零用錢打麻將，婆婆生前不能瀟灑揮霍的錢財，生後我們都給她一併燒去。可是想著又覺心酸，人在的時候，我們做兒女的又在做些什麼呢？有多少時日陪著她說說話，有多少錢拿給她用呢？她這一生苦裡來苦裡去，又為了什麼呢？

我一邊燒金紙，眼淚也順著臉龐掉進火裡，婆婆應該知道我來看過她吧？大姑在旁邊看著我，也替我說話：「花兒，有什麼就跟媽說吧，她能聽見，有什麼委屈都說出來吧，媽能聽見。」

婆婆真的能聽見嗎？我心底湧上一絲哀怨。

這時，枝頭傳來一兩聲鳥叫。燒金紙錢的煙霧彌漫著小山坡，附近沒

有一隻鳥兒停在樹枝上，唯有這隻白色的小鳥向著我們不停地啼叫。小外甥喊我：「舅媽，你看那隻小鳥兒一直對著我們叫。」

我抬起頭來，那隻小鳥真的對著我們四個人叫個不停，彷彿是在和我們打著招呼。我們望著牠時，牠就不停地在枝頭跳來跳去，像在告訴我們，她很好，她真的很好。她看見了我們，也真好！

我的心境無來由地變得光亮起來，我相信那也許是婆婆的化身，是婆婆冥冥之中看到我的憂愁、我的煩惱，來安慰我了。我寧願相信，這是一種巧合，是一種感應。我們繼續給婆婆上香，燒金紙，那隻白色的鳥也一直在枝頭看著我們，不曾飛走。

上完香，又在婆婆的墓地前站了一段時間。站在墓前的我，看到的不再是冰冷的相片，彷彿再次看到婆婆面帶笑容的臉，我與她之間進行著一場類似神遊的交流，我相信天地之間真的有異度空間存在，如一座橋梁，讓我們彼此看得見。

那隻白色的小鳥飛走了。我微微地有些失落。一直尋著牠的影蹤，可是不知何時，牠悄然地離開了，也沒有給我們留下一絲訊息。是啊，天空有鳥飛過，幾時看過鳥飛的痕跡？

在停車場準備上車時，我們再次看到了那隻小鳥，停在了東的車旁。沒有立在高高的枝頭，牠就停在有些水跡的地面上，小鳥停在那裡，等著我們上車，我們走近，牠也沒有飛走，只是圍著車轉了一圈。小腳一跳一跳地，我更加相信，這隻鳥不是一隻普通的鳥，雖然我是無神論者，可是這樣的現象我無從解釋，寧願相信這隻鳥兒起碼是帶著某種訊息而來。

我們還是發動了汽車，小鳥也在這個時候起飛了。又是一次分別的時候，不知下次來的時候還會不會見到這隻小鳥。我甚至辨別不出牠是何種

鳥類，可是我知道，冥冥之中，我們的確是受著護佑的，一種來自異鄉的護佑。

　　回家的路上，依然一路山路盤旋，可是這時陽光照進了車內。我的心情也跟著陽光一點點亮了起來。如果說早上的心情如整個身體被凍在地窖裡般寒冷陰鬱，那麼現在我的心情就如同在沙灘前晒太陽一樣明媚。就這麼奇怪，去看了婆婆，看到了那隻小鳥，竟然讓我的心情變得晴朗。

　　回來後，我告訴東，我的心情好多了。東看著我臉上的表情，也笑呵呵地看著我。這個男人，總是能在心底明白我的冷暖。我在部落格上上傳了文章，我寫〈妳在天堂還好嗎？〉，哪怕她看不到，聽不到，可是冥冥中我知道她是明白的。我寫：此時，我們剛剛去看了您回來，外面的煙火鞭炮陣陣，年關將至。我們懷著對您的思念，擁著您的愛，會長長久久地好好活下去。好友留言說，我的這篇文章看得她淚流滿面。報社的胡楊姐說：妳和妳的婆婆真的有很深的緣分。

　　我也相信。

　　之後的一個多月，我完全沒有打電話給公公，也沒有回去看他老人家。以我和婆婆的深情，也許要接受公公的一切，還是需要時間吧。

　　其實細細想來，我與新婆婆之間，並不存在真正的婆媳關係。因為自始至終，我沒有將她與婆婆畫上等號，在我的內心，我是鐵著心腸在對待這個人，從未向她示意過我的真心。和一個不屑與其相處的人之間，根本毫無較量可說。

　　從沒想過，自己在這種問題上，會如此執著，將自己拋進了一個死胡同。那個女人和我的公公可能從來沒有想過，我這個做媳婦的，怎麼會有如此大的反應。我的朋友在我對這事的態度上也頗感不理解，天要下雨，

爹要娶妻，怎麼都不關你這個媳婦的事吧。在那個家裡，我從來沒把自己當成外人，也許才會如此霸道吧。我糾結的正是過去，為此，我不停地從靈性書籍中尋找可以寬恕自己和他人的方法。

可是書本裡，哪裡有可以現學現用的理論，面對現實堅硬的坡檻，那些沒有融進骨子裡被軟化的理論，硬生生地被最柔弱直白的情感擊退。這世界上，最柔弱的東西也最有力量。硬碰硬的打仗，只要稍作防護，便可躲避；可是人心的潰散，大面積的崩盤，卻是世界上任何一種針線都無法縫補的現實。

我這個在意細節的女人，總是沒有預兆地將一些生活拉來對比。以前回家婆婆會問孩子們喜歡吃什麼，會因為我們喜歡吃軟和的飯而將飯煮得軟軟的，而這個人，跟她說過多次，因為她喜歡吃硬硬的飯，所以根本不管這些人吃得胃疼，她也仍然我行我素；以前婆婆會做手工糯米丸子，會慢慢地做菜出來，一家人樂融融地吃，可是這個人到家來，總是幾大碗端上桌來，一大堆在外面買的冷菜，或是在超市裡買的一堆拆開蒸了就能吃的現成菜，冬天裡就那麼冷冷的擺在桌上，只感覺熱氣都不冒一個的冷；兒子回家穿了她的拖鞋，她會直接叫兒子把她的拖鞋脫下來；一起打牌，她會怪公公不該和胡的牌，因為他們才是一家人。沒把兒女當成一家人的女人，如何可以做一家的女主人？

我想家事沒有幾樣是因為大事而起的矛盾，可是偶爾一見的小毛病，也日積月累地在心底結下了痂。厚得一撕扯便會流血流膿般的疼痛，只是我一直捂著，不曾真正發作，及至那日公公來和我們商量他要結婚的事。我無法不表露我真正的想法，猛地這麼爆裂，他們也嚇了一跳，連自己也沒想到我的反應會那麼激烈。

我掉進了俗套裡，可我一向不是個喜歡俗套的人啊！公公終究沒有按照原意，為自己過一個熱鬧的六十九歲生日，而是和那個女人一起出去旅行了，當然，他也沒有考慮我們子女的意見，還是與她正式結為夫妻。

　　公公固執地希望孩子們能夠認可這個女人，祝福他們的婚姻，而孩子們也頑固地不肯。於是僵局就此展開，一年都互不聯絡。寫這些文字時，我也一點點地在對自己進行清理。我的問題在於我一直在將兩個不同的人加以比較，三年的時間，我依然沒有走出失去婆婆的陰影，也無法接受新婆婆的到來。而這個世界上，不會有相同的兩片樹葉，更不會有兩個一模一樣的人。我用一把鎖，將自己鎖在過去的盒子裡流浪，而公公的新生活裡，有以前婆婆不可能給她的新鮮與獵奇，也許每個人都希望生活中有鮮活的東西存在，公公不過是沉寂已久，現在似乎找到了他想要的生活。

　　而作為兒女的，對於他古稀之年的生活，除了對他安享晚年的祝福，難道還有什麼資格去要求他，要怎樣過生活？確實，誰都沒有那樣的權利，每個人都只能擔當起自己生活的主人，其他人，即使是最親近的人，也不過是旁觀者，沒有對別人的生活指手畫腳的權利。公公看似固執地堅持，也是他自己的選擇，是他覺得幸福的一種選擇。

　　也許寫完這些字後，我可以在明天上午打個電話給公公，其實一直記掛著他，想知道他過得好不好，身體是否健康。我也知道，對於他這樣的年紀，也許晚年生活的舒適和安逸對他來說比什麼都重要，各自都有各自的生活，公公辛苦一輩子也很不容易，如果他過得好，如果那個人真的能對他好，我們這些做子女的又能說些什麼，阻攔什麼呢？

　　誰都不需要過那種煎熬的生活。如果公公認定那是屬於他的幸福，我們也該成全他。

晚上，我跟東說：也許我原諒了爸爸。我想打電話給他，我想和他好好談一次。親口告訴他，爸爸，我們希望你的晚年幸福，如果你真的覺得她對你很好，我們也沒什麼意見。

只是在我心裡，婆婆就像大蒜的蒜衣，我們就是蒜瓣，蒜衣一掉，蒜瓣就紛紛脫落，失去了原有的骨架，各分東西，七零八落。不過，此時我想婆婆的靈魂仍是蒜衣，將我們和大姑兩家人緊緊地裹在一起，溫暖，而有力。

第十一章

如果我是婆婆

　　我不知道我是否可以像婆婆那樣大度地對待媳婦，可以與媳婦建立一種母女的關係。但是偶爾對隱形媳婦的暗自較勁，也會讓我猛然警醒，如果我是婆婆，我會讓自己自私的小心眼在萌生的那一刻就戛然而止，不要偏離我原本的軌道。

　　儘管婆婆不在了，可是我以後也會扮演婆婆這樣的角色，因為我也有兒子。

　　那天與兒子交談，告訴他：兒子，你以後也會娶個對你很好的老婆的。

　　八歲的兒子卻對我說：「媽媽，不會有那麼一個女人會有媽媽妳對我這麼好。」我驚訝於兒子這樣的話，我告訴他：「孩子，會有的，會有那麼一個女人和媽媽一樣對你好的。而媽媽也會像喜歡你一樣喜歡她的。」我相信我日後的婆媳關係也會處得非常完美，因為我遇見了一個那麼好的婆婆。有句古話說「多年的媳婦熬成婆」，我從來沒有過「熬」的生活，我也不會讓我的媳婦過那煎熬的生活。

　　那天與兒子的對話，讓我也開始思考如果我成為婆婆會怎樣？總有一天，我的兒子會娶個老婆回家，終有一天，我會成為別人的婆婆。

　　沒到那個位置上，我也不確定，我不知道我是否可以像我的婆婆那樣大度地對待媳婦，可以與媳婦建立一種母女的關係。但是偶爾對隱形媳婦的暗自較勁，也會讓我猛然警醒，如果我是婆婆，我會讓自己自私的小心眼在萌生的那一刻戛然而止，不要偏離我原本的軌道。

　　在我們家的家庭教育中，我和東一直教育果兒要幫大人做力所能及的家事，每個禮拜都會讓他洗幾次碗，收拾屋子，或者是幫大人做掃地、洗襪子這樣的家事。兒子在做家事上相當細心，總是會將屋子打掃得乾乾淨淨，會將書桌上的書整理得整整齊齊，每次他做完家事，都會很得意地對

我說：「媽媽，妳看我打掃的屋子。」我都忍不住為我的兒子叫好。

而果兒也總是很願意幫我做家事，甚至喜歡在廚房裡守著做飯的我，看我圍著圍裙在鍋邊轉，一副其樂無窮的樣子。他有時在旁邊背詩、背課文給我聽；有時主動要求做刮南瓜，削馬鈴薯的工作，他圍著小圍裙蹲在地上慢慢地刮、削，看著孩子逐漸有了少年模樣的側影，那一刻我覺得這樣的相守只屬於我們母子，無敵的幸福泡泡四溢廚房。

兒子用這種方式纏在媽媽身邊，在廚房裡，一邊做事，一邊和媽媽像個大人一樣聊天，說他在學校一天的趣事，我們母子就一邊做事，一邊說話，廚房又成了我和兒子共同分享的舞臺。婆婆當初也是如此和我這個媳婦，在廚房裡親密交談；而現在，婆婆不在了，兒子長大了，又有他陪著我。

不過偶爾，我也會想想，我將兒子訓練得如此能幹，以後真娶了老婆，豈不把老婆慣得像什麼似的，兒子要忙家裡，要忙外面，那不會很累嗎？一想到這裡，我馬上就會停住。

如果我是如此自私的婆婆，只為自己的兒子著想，想必我的媳婦在我家裡便不會有好日子過，我們的婆媳關係也是處理不好的。

我總是時常觀察自己的思維，也警醒自己作為一名準婆婆不要掉入世俗的洪流裡，我懂得要同時愛兩個孩子，不要去做比較。

不過，沒想到，我一直沒有跳出俗套，儘管我一再地提醒自己。

那天與兒子無意間的對話，讓我再次察覺到，我還真的在和我那不知在哪家養著的寶貝媳婦，暗自較勁著。

媽媽：兒子，你看媽媽喜不喜歡廚房？

兒子：喜歡。不然我們就沒有飯吃了。

媽媽：那以後如果你娶個老婆，她不會做菜怎麼辦？

兒子：那我就買一個可以自動做菜的機器給她。

媽媽：那媽媽也想要。

兒子：我又沒有錢。

媽媽（此時有些惱怒）：你買給她就有錢，你給老媽錢就沒錢？我又沒叫你現在買。

兒子：噢。那就也買一個給妳吧。（似乎勉為其難，迫於無奈）

後來，每每想到這段對話，我就暗自覺得好笑，我已在和我那不知在哪的媳婦偷偷爭風吃醋。我擔心兒子做太多家事，我擔心兒子被欺負，呵呵。典型的老媽戀兒情結啊。看來做個好婆婆真的不容易，換位想想，也許所有的人都能找到能夠理解的答案。

第十二章
這些年寫給婆婆的信：妳在天堂還好嗎？

2009 年 2 月　生命的味道

　　生命是否有它獨特的味道？我一直在這樣追問。是酸、是甜、是苦、是辣，是香甜可口，抑或是如沒放糖的黑咖啡一般，除了苦，容不下其他味道，妳的生命的味道是否正像那苦咖啡？而妳獨自品嘗後卻是自得其樂地將它吞了下去，沒有怨言。

　　每當走進廚房，拉開冰箱，就不可避免地想到妳，冰箱裡還有妳為我們準備的幾袋鹽和味精，冷藏室裡還有妳買來的幾塊肉，這些物品還存在於我們生活中，而妳卻已離開了我們。

　　妳走後，我們沒有再請過公公和大姑過來吃飯，以前說是我們請吃飯，可是那一桌子的佳餚都是妳帶來的呀，自家的控肉、粉蒸肉，在我這裡要失傳了。我們再也不能像以前那樣有說有笑地在廚房做飯了，因為已沒有了妳。

　　每每想起妳，其實並不刻意，總是在踏進廚房的一瞬間，在拉開冰箱的一瞬間，在打開泡菜罈的一瞬間，在鑽進妳親手縫製的被罩裡的一瞬間，妳就迎面而來。妳沒有與我們同住，可是妳在我們的生活裡，無時不在、無處不在！

　　這幾天一直雨紛紛，是天空的眼淚，亦是我們的悲哀。本來是新年的第一個月圓之夜，本來是家人團聚之日，可是此時的妳躺在遙遠的墓塚裡，那裡面一定陰冷潮溼，因為與世隔絕，照不進太陽，妳冷嗎？在這樣多變的天氣裡，妳是否睡得安好？

　　昨夜又夢見妳，只要我在夜深時想起妳，我必然會與妳在夢中相遇，真的，我們是那樣投緣，我們有那麼多聊不完的話題。

妳最後離開塵世時，我們並沒有守候在妳的身邊，大姑在寂寞的醫院裡守著寂寞的妳，妳臨走時沒留下遺言。和我最後一次說話，是在妳去世的前夜，我們去看妳，妳久閉的眼睛不停地睜開又合攏，因為妳已失明。妳用盡全身的力氣卻依然微乎其微的聲音問：我在哪裡？我告訴妳：妳在醫院裡。

　　妳仍舊努力地將眼睛睜睜閉閉，拚命想看見我們，想看見塵世中的我們，而妳彷彿已置身另一個世界，看不清前方的路，只看到黑暗，妳曾經也經歷過接近死神的日子，可是這次妳感覺和那次又不同了。在無邊的黑暗裡，妳一遍遍地問我：我在哪裡？我一遍遍地回答妳：妳在醫院裡。這便是我們最後的對話。

　　而當妳昏迷，我們知道妳將不久於人世時，我們著急著去處理完手上的工作，我們要守候在妳身旁，我們想陪著妳走過最後的時光。我們無從知道那就是妳最後的時光，而我們愚昧地以為還有時間，妳會等著我們。總是這樣錯過，人的一生似乎總是如此自以為是地一再錯過，以為會有以後，以為會有時間，那些注定的東西會在那裡等我們，可是妳的離世告訴我們不是所有的事情都來得及，不是所有的以為都可以實現。生命不受我們安排。

　　而那天下午出門，我們都忙了些什麼呢？出門闖了單行道，被警察開了罰單，我們在車上莫名地爭吵，車上收音機裡播著些莫名其妙的歌，主持人鄭重其事地說：這首歌只有人睡著時，亡靈才會聽懂。我的心很緊，卻選擇了沉默。路上與別人的車擦刮，進了修理廠修後照鏡，剛修好。大姑打電話說妳過世了。這一下午，我們受到了前所未有的教訓，人生真正的教訓。

我們一下午都在磨蹭些什麼呢？都在忙了些什麼呢？那急急忙忙的怕得罪客戶的工作，卻耽誤了我們與妳最後的相守啊！那是永不能換回的相守啊！我們總是以忙拒絕了與妳的相伴，那都是看一眼少一眼的相伴啊！多麼愚蠢，卻自以為是。

想著妳的一生，是病痛陪著妳，是藥物伴著妳，而我們這些孩子們在妳還活著的日子選擇了多少個星期天與妳相聚呢？我們規劃著今年妳六十歲大壽，好好為妳安排一番，帶妳到大自然去，邀請所有的親朋好友為妳祝福，為妳來之不易的六十歲生日，六十年的坎坷。可是我們不清楚，對於妳來說每走一年都是在與命抗爭，妳每年的生日都是對生命的跨越，而今年妳卻再也跨不過去，妳消耗殆盡所有的體力，儘管妳同樣是心有不甘。

妳得癌症已有三十八個年頭，那時妳還只是個年輕女孩。妳一生經歷無數次大大小小的手術，妳頑強地應對。妳像常人一樣結婚生子，儘管體虛，卻仍然堅持有了一對兒女，丈夫在遠處當兵，妳便獨自撫養著兩個孩子，也許是生活磨練著妳，是生活加重了妳的病。而妳始終不曾向命運低頭。妳嘗夠了生命的味道，但妳從來沒有想過放棄。1992 年的一次手術後，妳失去了用喉嚨吞咽食物的功能，妳只能用插鼻胃管的方式，在未來的日子裡靠注射流質維持生命。自我認識妳至今，妳這樣地生活了十幾年，可是妳從沒埋怨過生命給妳的苦，妳懷著感激的心感謝上蒼給了妳一次又一次的機會活下去。妳鮮活地活在我們身邊，時常「巡視」我們的廚房，適時地將冰箱塞滿，帶來新鮮的蔬菜，妳關心著我們的胃，我們的身體。

一切的堅韌與不捨源於妳自己與自己的一次次對話：我要看到孩子們結婚生子。這幾乎是妳活在人世所有的牽掛。好人有好報，在經歷了那麼

多的苦難之後，妳如願以償。

當我們步入婚姻殿堂時，妳和天下所有的父母一樣激動，而於妳更是不容易。重翻舊照片時，我看到妳嘴角燦燦的笑，那是對人生的恩賜充滿感激的笑，妳終於看到小兒子走上了紅地毯的那天。兒子曾是那麼頑皮的孩子，而今也有個女人在他身邊照顧他了，妳完全可以放心了。雖然我們知道這種愛永遠無法替代母愛。

當病魔在沉寂了十幾年後復發，它是如此的來勢兇猛，看似不起眼的一個小腫塊，卻在兩個月間瘋狂生長，醫生對之束手無策，因為妳的脖子上已經歷了無數次動刀，也經歷了無數次放、化療，妳年老的身軀再也承受不起。妳知道這次將坐等死亡的來臨。在病床前，妳拉著我的手說，希望和妳的兒子白頭偕老，好好照顧他，因為他就要沒有媽媽了。我記下了。我親愛的媽媽！十年婆媳，我們從來都是和睦相處，妳從來都是我最敬佩的那個人，因為妳的堅強！

在病痛折磨妳的最後時光，妳仍堅強而倔強地生活著，發青的手腳腫脹著，不肯進食的胃，每日必須注射嗎啡緩解疼痛，渾濁的雙眼總是緊閉，點滴從早打到晚以延長生命的期限，越來越聽不清楚的少量話語，焦躁的脾氣。看過妳的人都說可憐。而妳堅持著。

當岌岌可危的呼吸，讓妳大口喘氣，全身的疼痛讓妳的大腿彎曲之後甚至無法伸直。面對這樣直接了當的疼痛，面對這樣沉重的呼吸，妳仍然選擇像這樣的生。我們知道妳在做最後的抗爭，像以往一樣，妳希望有奇蹟出現。可是，生活裡沒有那麼多奇蹟。

妳在今年第一次月圓之夜走了，選擇這樣圓滿的日子離去，大致妳也認為妳的人生已圓滿地畫上了句號。因為沒有怨，所以也無悔走過這一生。

看到那些廚房裡的食物，知道您的日子——那瑣碎得如繽紛櫻花一樣的日子，永不再來。而我何其幸運，能夠獲得這份只求付出不計回報的慈母之愛。

　　還是會問自己：生命的味道是什麼？是陽光的味道？是冬雨的陰冷？是繽紛三月的滿目桃花香？是寒冬臘月淒風苦雨的澀？其實看看妳的一生就知道，生命的味道大多是酸酸澀澀的，懷著感恩的心穿越生死，讓自己最終品嘗到生命甘甜的味道。

　　（後記：這是婆婆去世一年後，我在部落格上貼出的前一年為她寫下的文字。懷念是一種痛，讓我再也寫不出什麼文字去述說那種離開她的痛楚。懷念她的堅強，懷念她倔強的生存方式，懷念她無微不至、偉大的母愛，這一切，都讓她在我心中無人替代。不管此時的她身在何方，雲遊到天堂的何處，而於她深深的思念，只會日復一日長久。時間並不能垂釣走那些屬於我的溪水，我知道她給我留下的將是永恆！）

2010 年 2 月 26 日

　　看見時光住處寫的《手心裡的，溫暖》，看到她寫與她的婆婆之間的溫暖。婆婆視她如己出的溫暖。我淚流滿面。我想起了我的婆婆。兩天後，大年十五，兩年前妳在這天去世。真的好想妳！視我為親生女兒的媽媽！

　　剛打了一通電話，安排後天去替媽媽掃墓的事，聯絡親友，然後坐在電腦前看到時光的博文。思念之情如滾滾洪水，不可阻擋。我必須寫下些什麼來和媽媽對話。

親愛的媽媽：打下這幾個字，在書房裡一個人已是滾進了淚水的洪流。我微微顫抖著身體輸入這幾個字：妳還好嗎？今夜與我相會吧。夢中會見到妳嗎？我不知道別的媳婦對婆婆會有什麼樣的惦記想念，但我知道我這個媳婦，與妳的感情，已是與我親生媽媽無異。

　　今天在車上聽歌，我突然想起那天見妳最後一面的時刻。當主持人念輓詞說，最後見一見妳——我們的媽媽。我從來不曾聽過我如此放肆地嚎啕大哭，我靠在東的肩上，想忍住，可是我的悲哀讓我不能止息。走到妳的遺體前，對妳跪下磕頭。大嫂拉著我說，也許妳的離去，是妳的解脫。

　　也許我太殘忍，妳在人間遭遇了那麼多的病痛，我卻仍然想留妳在人世。其實我知道妳也多麼不想去。妳的人生妳還想把它走得更長。妳想看到孫子長大，看到他讀大學。而妳走的時候，他還只是個剛滿五歲的頑童；妳想看到姐弟二人的婚姻都白頭偕老，妳想成為我們的見證；妳還想到處看看老家的新變化，看一座座橋修好通車，看輕軌一站站地連接南北，妳原本是個關心社會的老太太。所以我知道妳有萬般不捨，我知道妳有萬般割捨不下。

　　妳靠著氧氣，靠著一點點鹽水，靠著一點點湯汁維持著倔強的生命。而我們做兒女的，唯一能做的僅僅是守候，絲毫不能減輕妳的痛苦。看著妳被病痛折磨，卻無能為力。那是我們的悲哀。

　　妳在人間短短的五十九年，卻忍受了三十幾年的癌症折磨，它將如花的妳，將原本豐盈的妳，戲弄得枯瘦如柴。老天太欺負妳的善良。妳卻從來沒有忘記仍要做個善良的人。

　　寫這封信，身體一直微微顫抖著，淚如洪水不止，就讓眼睛哭腫吧，

就讓淚水流個夠吧，怎麼流也無法流盡我對妳的思念，一切都無法掩飾我對妳的思念。

今天我去買了黃菊花，會帶給妳。讓妳那寂寞的墓地也沾染一絲絲春意吧。讓妳也聞聞塵世的花香吧。我知道妳仍然是個熱愛生活的女人。現在夢中夢見妳，總是衣著乾淨，身體比以前棒了，臉上有了紅暈，氣管上再沒插上跟隨妳二十年的鐵管子。妳可以自由呼吸，清楚地說話了。妳真的解脫了，是嗎，媽媽？如果妳在那邊真的過得很好，我們也就安心了。

而媽媽，在妳走後，家已不再是家。那個家我們不再愛回去。有人說媽媽是蒜衣，包裹著自己的孩子。而我們這些作為蒜瓣的孩子們，在媽媽走後，蒜衣掉下的那一瞬，已變得無家可歸。這又是孩子們的悲哀。

我努力在讓自己仁慈一些、寬容一些。可是無法做到。因為媽媽妳實在太好，這世上無人能及，無人可替代。妳對我視為己出，而我看妳也如我的親媽媽一般疼著愛著。我知道妳很懂我，而我也一直很理解妳！

淚如雨下，心如刀割，止不住！

在墓前，我只能靜靜地撫摸妳的照片，一遍遍擦拭。可是要那麼久，那麼久才能見上妳一面。要那麼久，那麼久才能見妳一次。因為妳的房子被安排得那麼遠，像要阻隔我們。可是我們之間的婆媳情又哪裡是時空能夠阻隔得了的呢？他們不懂，我們也無須解釋。

我知道，一曲終了，可是我們並未走散。我們會在冥冥中相會，我們會在囈語中述說彼此。那是我的幸幅！

2011 年 2 月　妳在天堂還好嗎？

今天是除夕，是妳的祭日。不是我糾結於這個日子，是這個日子會記住自己未能守妳最後一刻的痛心。

也許生活要繼續，而有些人的生活要繼續，要精彩，要花樣，於是昨天有人來跟我們說，要結婚了。我反對。自問不是苛責的人，可是無法看懂那個人的心。另一個人就那樣死心塌地，寧願眾叛親離，宛若回到了青春少年般的執著。

於是，在今天更加想妳。更加想妳！儘管妳的墓地那麼遠，可是今天會去看妳。

世間沒有人比得了妳，妳的慈愛，妳的恩情，妳濃濃的愛。

想做那最決絕的人，想做那最壞的人，不知為什麼如此。只為妳。

無情的人說了很多無情的話，傷害，滴血。

不希望妳看到我難受的樣子，那樣妳會心疼，妳會著急，妳會不忍。可是無法不落淚，無法不……下午去看了妳，此時心情好了很多。也許只需要在墓前和妳絮絮叨叨，說一些家長裡短，哭出心中的委屈，僅此而已。知道不該來打擾妳的清靜，可是我們在妳墓前時，有一隻小鳥對著我們不停地啼叫。我們原本在埋頭燒著金紙，可是這隻鳥的叫聲讓我抬起頭來。牠就對著我們啼叫，那麼重的煙霧，牠並不躲閃。周圍沒有別的鳥在啼叫，我甚至相信那就是妳。我也但願那是妳，變為小鳥可以自由飛翔。

我們去開車準備往回走時，那隻小鳥又飛到車前，停到車旁，一跳一跳的，向我們靠近，當我們走近牠時，牠也並不起飛，真的是在送我們。

回來的路上，我告訴東心情好多了。因為去看了妳。是的，媽媽，妳

就像我的親生媽媽一樣，疼愛我，憐愛我們每個孩子。只有站在妳面前，哭出來，才讓我釋然。

此時，我們剛剛回來，外面的煙火鞭炮接連不斷，年就快到了。我們懷著對您的思念，擁著您的愛，會長長久久地好好活下去。

為了彼此的愛，好好活，好好過！讓我們過得更好。沒想到自己如此心胸狹窄，可是沒有辦法，無法代替的人永遠無法抹掉，並不因年歲長久而淡忘。對妳的思念亦是如此。

安！擁著彼此的愛，安！好！

2013 年 1 月 1 日

今年的正月十五，妳就走了五年了。五年的時間不長不短，可是，婆婆，妳從未真正地離開過我們。

想妳的一切，妳在那邊還好嗎？

曾經深深地沉浸在妳離世的事實裡，不能自圓其說，不能自拔的痛苦。有朋友勸我讀《西藏生死書》了解生死，這本書告訴我，死並不是那麼可怕。死，是另一種存在。2012 年，一個動盪的年分，我們相安無事地與家人一起平靜度過，其實只要有愛，有家在的人，從來不會懼怕生死。不管經歷什麼，家永遠都是我們最後的防線，防線不垮，世界不會坍塌。只是我們的世界裡，少了妳，是遺憾，少了妳的愛，我們像缺少翅膀的天使，不敢飛翔，卻又不得不飛。

那個家再也沒有妳的味道，可是我們家裡依然有妳的氣息。妳睡過的

床，兒子還在睡；妳穿過的衣服，我的外婆還在穿；妳用過的砧板，我依然在用它切菜；那年為妳買的一個生肖鼠，依然洗得乾乾淨淨的，在我們的桌前。

我們保持著家的原樣，讓妳找得到回家的路，可以隨時回來看看。這裡有妳熟悉的模樣，只不過孫子已長高，當年不諳世事的他，如今已是小小少年；我的額前有了白髮，與東一起邁入中年，愛讓我們彼此更加圓滿。這是妳最願意聽到的消息吧。

我一直懷抱著愛，堅持把這本書寫完，我要用我的方式去祭奠。有時時間並不能沖淡思念，我的思念一直都牢牢地在心中，沒有減少，更沒有消失不見。是那些千絲萬縷的情，糾結在一起，結成一張牢固的網，風吹雨打，不離不散。

有一種婆媳之愛，真的可以這樣美好。妳我完美見證了這樣的美好，固執地用自己的方式去惦記、去記取、去懂得。

我相信，妳一定天上有知，人間的一切，妳都能看見。那些為愛而升的煙火，那些我們如閨密般相知的日子，是我的幸，我慶幸有妳這樣的婆婆。對妳的思念一如既往，那些已成黑白的舊日，從不曾走遠。

這本書斷斷續續寫了近兩年，因為手上有好多工作，我現在一直從事著自己最愛的文字工作，而我在有限的閒散時間裡，除了陪兒子玩耍，陪陪媽媽，還要看書，看電影，寫作，真的有好多好多事，時間真的不夠用。可是無論時間怎麼向前，為妳保留的那塊心上的靜地，一直都在。在暗夜裡，在寫作的某個空隙，在我去廚房裡煮水泡茶時，在我與東遊走山山水水間，很多時刻裡，我依然會想起妳。其實妳一直都與我們在一起，從未離去。相信妳也能感知，感知我們一直都帶著妳，從未遠離。

第十二章　這些年寫給婆婆的信：妳在天堂還好嗎？

後記

　　在我的這本小書即將收尾時，我洗完澡，穿上婆婆在六年前為我做的棉布睡衣，再鋪上那床婆婆為我們準備的棉製大花線毯，躺在床上，能從棉布衣裡感受到她為我做衣服時，指尖曾有的力量；線毯上凹凸的花印，也讓人在摩挲時，想起婆婆在為我選這床毯子時的認真神情。我們依然生活在婆婆為我們準備的一切裡，生活中，其實婆婆從未遠離。我也欣慰，能與婆婆以這樣親切的方式相見，想念。

　　寫完這些文字，我從婆婆的坎坷一生中，似乎也懂得了人生不可盲目樂觀，當然也不會像那些危言聳聽的人所說的那樣，在如舊棉絮般衰敗的人生前痛哭流涕。

　　我在婆婆身上，看到人生的確悲歡有時，痛恨有時，即使不能一笑而過，也絕不等閒視之。在我看到的婆婆的一生裡，的確是將人生的熱鬧、歡欣、虛無、頹敗全數一飲而盡，然後津津有味地品嘗，知道自己的一生就是獨一無二，也是好的。

　　也許生活本身並不完美，有人說這個世界壞掉了，有人用垃圾言論將這個世界的空間堆滿，讓人置身在汙穢深處，看不見美，也找不到方向。可是我能在婆婆的生活中，看到那些詩意的流淌，即使生活對於她來說絲毫沒有憐憫之心，也從無慷慨之意。可是就是在衰老的病體裡，在「壞日子」裡循環往返，也絲毫沒有減弱她堅持要欣賞一朵花開的美好心情。這個世界並不完美，但我們依然欣喜地活在那些彼此見面的日子裡。

　　因為彼此，溫暖有力的細節，讓我們有心情一起看光影點點流轉，一起欣賞那些淡而有味的日子。

　　感謝上天能夠讓我與她成為這世上最好的婆媳，我三生有幸成為她的媳婦。而我用這些文字紀錄，記錄我們之前的美好，記錄婆媳之間真正可以成為朋友的親情。

　　如果說時間就像海浪，呼嘯而來時，將海灘上用沙子寫就看似深刻的字席捲而去，只剩下溼漉漉的海灘，那麼我要用文字留下的便是牢固的記憶，那些與婆婆在廚房並肩說笑的時光，那些與婆婆閒話家常的細碎日子，那些病房裡最後的相守，那些沒有她的日子，我想留下的不僅僅是對她的思念，更想告訴女人們，婆媳關係，並非妳所想像的面目可憎。這世上，的確有那麼一種婆媳關係，親如母女，惺惺相惜！

　　2012 年，當我行走在拉薩小小的拉康寺，和善的藏族人告訴我這是一座長壽廟，摸摸廟宇裡的佛像可以保佑家人長壽。我進去用我的額頭觸碰了佛像的底座，我為我在世的親人們一一祈求，祈求他們都平安、健康、長壽、幸福。

　　正殿旁邊的一間地下室裡，有一屋星星點點的酥油燈，我也進去虔誠地為我的婆婆點起一盞。那一刻，我站在溫暖的酥油燈房，凝視著我點上的那盞酥油燈，我與她，透過這火光開始對話，我只希望去世四年之後的婆婆，可以一路順利，憑著這道光芒，找到她來世的出口。

　　2013 年的春節，我第一次帶著媽媽出遠門，與媽媽坐在海鮮餐廳吃海鮮，與媽媽一起低著頭撿貝殼。在飯店裡，深夜十二點將生日蛋糕端到媽媽的床頭，帶媽媽第一次在海邊住帳篷，我與媽媽同時張開手臂撲向大海。這次旅行，讓媽媽在活過 62 歲後經歷了生命中的許多第一次，媽媽

如婆婆一樣在鏡頭前展開如花般的笑顏，和我相擁合影。逐漸成年的我們，終於懂得了擔當與照顧。帶媽媽旅行，讓我們這些各奔西東的孩子，終於懂得了人在旅途，要給予血脈親人溫柔。此時的他們在我們身邊，就是需要照顧的孩子。

　　當年婆婆從未和我們一家人一起出過遠門，心繫遠方的她卻因身體原因被阻擋在山山水水之外。所幸的是，婆婆一直堅信最美的風景就在身邊，所以她一直將自己和家人的生活裝點得活色生香、趣味無限。能在瑣碎的日子裡，活出恩寵，能在不濟的歲月裡，活出感恩，本身就如一個帶著聚寶箱行走的自由人。

　　所幸，婆婆正是這樣的人。更幸運的是，我是婆婆的媳婦。

　　這個夏日的清晨，看到詩人海桑寫的一段詩，非常契合心意：「別再關心靈魂了，那是神明的事。你所能做的，是些小事情，諸如熱愛時間，思念母親，靜悄悄地做人，像早晨一樣清白。」讓我們像一個真正的人那樣活著，熱愛生命，關心親人，對身邊的人溫柔以待！

五瓣花

婆媳同盟！婆媳的美好關係，一種超越血緣的親情：

沒有血脈關係的綿延，卻是兩人之間的惺惺相惜，世間有那麼一種婆媳關係

作　　者：五瓣花

發 行 人：黃振庭

出 版 者：崧燁文化事業有限公司

發 行 者：崧燁文化事業有限公司

E-mail：sonbookservice@gmail.com

粉 絲 頁：https://www.facebook.com/
　　　　　sonbookss/

網　　址：https://sonbook.net/

地　　址：台北市中正區重慶南路一段六十一號八樓
　　　　　815 室

Rm. 815, 8F., No.61, Sec. 1, Chongqing S. Rd.,
Zhongzheng Dist., Taipei City 100, Taiwan

電　　話：(02)2370-3310

傳　　真：(02)2388-1990

印　　刷：京峯數位服務有限公司

律師顧問：廣華律師事務所 張珮琦律師

國家圖書館出版品預行編目資料

婆媳同盟！婆媳的美好關係，一種
超越血緣的親情：沒有血脈關係的
綿延，卻是兩人之間的惺惺相惜，
世間有那麼一種婆媳關係 / 五瓣花
著 . -- 第一版 . -- 臺北市：崧燁文
化事業有限公司 , 2024.05
面；　公分
POD 版
ISBN 978-626-394-266-0(平裝)
1.CST: 婆媳關係 2.CST: 通俗作品
193.7　　113005411

定　　價：350 元

發行日期：2024 年 05 月第一版

◎本書以 POD 印製

Design Assets from Freepik.com

電子書購買

臉書

爽讀 APP